RADIO CITY
MUSIC HALL
GUGGENHEIM
HONEY

RADIO CITY MUSIC HALL
RADIO CITY
MUSIC HALL
GUGGENHEIM

NEW YORK CITY

BUSINESS HOURS:
Mon. 11:00 am to 11:00 pm
Tues. 11:00 am to 11:00 pm
Wed. 11:00 am to 11:00 pm
Thur. 11:00 am to 11:00 pm
Fri. 11:00 am to 11:00 pm
Sat. 11:00 am to 11:00 pm
Sun. 11:00 am to 11:00 pm
Rem:
MUST EAT NYC
www.musteatnyc.com
FOR
CUSTOME
ONLY
WE SUPPORT THE
9/11
MEMORIAL
ZAGAT
2015
Rated on zagat.com
拉
PULL
UnionPay
VISA
MasterCard
DISCOVER
JCB
RUNINOut
Food-Fun-Fashion
Reviewed on tripadvisor.com
tripadvisor

LUC HOORNAERT

NEW YORK CITY

150 RESTAURANTS, DIE SIE KENNEN SOLLTEN

FOTOGRAFIERT VON KRIS VLEGELS

Hölker Verlag

DUN
Love
At
First
Bite
Love
At
First
Bite

Streifzüge durch die gastronomischen Welten New Yorks

»Was ist der Zweck Ihrer Reise?«, fragte mich der Zollbeamte kurz nach meiner Landung am JFK. »Na ja, Lunch und Dinner«, antwortete ich etwas zögerlich. Prompt durchsuchten zwei Beamte mit denkbar ernsthaftem Interesse mein Gepäck und ich entging mit knapper Not einer Leibesvisitation. Dabei hatte ich nur die Wahrheit gesagt. Ich war nicht nach NYC gekommen, um die üblichen Sehenswürdigkeiten abzuklappern, die fantastischen Museen oder die Shows am Broadway. Nein, ich war gekommen, um den kulinarischen Hochgenüssen in allen gebotenen Facetten zu frönen. Punkt. Aus.

Als ein Kind der Alten Welt kam es mir lange Zeit so vor, als wäre mir eine Art kulinarische Fessel angelegt. Irgendwie fühlte es sich so an, als wäre es meinen Geschmacksknospen untersagt, sich voll zu entfalten. Doch mein erster Ausflug in die kulinarische Welt New Yorks befreite mich vom Ballast der tradierten Esskultur und der Vorstellung der »richtigen Küche«, die mir wie ein kleiner schwarzer Rabe auf der Schulter sitzend unentwegt ins Ohr zu piepen schien. Unterhaltsamkeit, Spaß beim Essen, das scheint in der Alten Welt fürwahr schwer verdauliche Kost zu sein. Hier in New York habe ich das Beste beider Welten gefunden: Konzentration, Tiefe und Präzision aus der Alten Welt gepaart mit Kreativität, Verspieltheit und Vision der Neuen Welt. All das ist inzwischen mehr als 30 Jahre her.

Heute reise ich als Importeur erstklassiger Weine und hochwertiger Lebensmittelprodukte aus Japan rund um den Globus. Wo auch immer ich bin, ich versuche stets, an der Oberfläche zu kratzen, um mich mit der kulinarischen Seele eines Landes und seinen gastronomischen Einrichtungen zu verbinden. Nirgendwo habe ich mehr himmlische Gaumenfreuden entdeckt als in NYC.

NEW YORK CITY ist keinesfalls ein kompletter Restaurantführer; die bloße Idee, dass ein New Yorker Restaurantführer auch nur ansatzweise »komplett« sein könnte, ist völlig absurd. Die New Yorker Gastro-Szene ist ein bisschen wie eine Borges'sche Bibliothek – unvorstellbar endlos und höchst eigenartig. Dieses Buch enthält meine persönlichen Favoriten und Lieblingsgerichte, die, die mein Herz berühren, meine Seele streicheln und mir ein Gefühl von zu Hause geben.

Ich hoffe, Sie genießen den Streifzug durch die gastronomischen Welten New Yorks und kosten ihn bis zuletzt aus – so wie ich es getan habe!

Luc Hoornaert und Kris Vlegels

INHALTSVERZEICHNIS

BROOKLYN - 10

BRONX - 82

UPTOWN WEST - 84

UPTOWN EAST - 92

MIDTOWN WEST - 98

MIDTOWN EAST - 144

DOWNTOWN WEST - 166

DOWNTOWN EAST - 206

AVIS
CAR AND TRUCK
SALES

GET HAPPY
HAVE A MARGARITA

42799
I'M GONNA MAKE YOU A
PIZZA
YOU CAN'T REFUSE
No Smoking
NO SLICES CASH ONLY
RESTROOM
Grimaldi's
Coal brick oven Pizzeria

1

GRIMALDI'S

1 Front St., Brooklyn – NY 11201
Tel. +1 718 858-4300 – www.grimaldis-pizza.com
geöffnet: Mo–Do 11:30–22:45 Uhr, Fr 11:45–23:45 Uhr, Sa 12:00–23:45 Uhr, So 12:00–22:45 Uhr

Unter der Brooklyn Bridge, auf der Brooklyn-Seite versteht sich, wartet vor einem wunderschönen Gebäude immer eine lange Schlange Menschen – Pizza-Fanatiker, die auf einen Tisch im Grimaldi's warten, einer der beliebtesten Pizzerien New Yorks.

MIGUEL SANTOS
ATTORNEY

Pizza Margherita

Tische kann man hier nicht reservieren, und nein, Kreditkarten werden auch nicht akzeptiert.

Einer der dunkelsten Tage in der kulinarischen Geschichte Italiens muss jener Tag gewesen sein, als irgendwer zum allerersten Mal eine Ananasscheibe (aus der Dose) auf einen Pizzaboden gelegt und das Ganze in den Ofen geschoben hat. Inzwischen ist die Pizza Hawaii die beliebteste Pizza in Italien, nicht zuletzt dank der vielen Touristen. Die Pizza hat ihren Ursprung im Mittelmeerraum und man vermutet, dass sie ihre Karriere als »Teller« begann! Soll heißen, als flach ausgebackenes Brot, das als Servierbrett benutzt wurde. Alles, was man essen wollte, wurde darauf abgelegt. Und nur, wer einen Mordskohldampf hatte, verspeiste den »Teller« gleich mit.

Auch die Wikinger aßen schon so etwas wie Pizza: rund geformte, mit allerlei Zutaten belegte Brote, die in einer Art Pizzaofen ausgebacken wurden. In Neapel trat die Pizza erstmals im 17. Jahrhundert in Erscheinung, allerdings ohne Tomatensoße, da man Tomaten damals (fälschlicherweise) für hochgiftig hielt. Tomaten wurden in Europa um 1500 aus Südamerika eingeführt und waren meist von gelber Farbe. Daher stammt auch ihr italienischer Name *pomodoro* – *pomo d'oro* –, was »Goldapfel« heißt. Die roten Tomaten, die wir heute kennen, entstanden mittels Kreuzungsversuchen im 18. Jahrhundert.

Die älteste Pizza der neapolitanischen Tradition ist die Mastunicola, die mit Speck, Pecorino, schwarzem Pfeffer und Basilikum belegt war.

Für viele ist die Pizza Margherita bis heute die authentischste aller Pizzen. Erfunden wurde sie von Raffaele Esposito, einem der bekanntesten Pizzabäcker Neapels. Ihm wurde die große Ehre zuteil, König Umberto I. und seiner Frau Margherita eine Pizza zu kredenzen. Patriot, der er war, kam er auf die Idee, eine Pizza in den italienischen Nationalfarben zu kreieren: rote Tomatensoße, weißer Mozzarella, grünes Basilikum. Die Pizza Margherita war geboren!

1941, als Patsy Grimaldi gerade mal zehn Jahre alt war, lebte er im italienischen Viertel von Harlem, wo er das Pizzahandwerk erlernte. Schon damals träumte er davon, eines Tages seine eigene Pizzeria in Manhattan zu haben. Doch es gab ein Problem: Ein wunderbar dünner und knuspriger Boden lässt sich nur bei einer Ofentemperatur von etwa 500 °C erzielen. Und das ist nur in einem traditionellen Pizzaofen mit Kohle- oder Holzkohlebefeuerung möglich. Aus der Traum, denn Manhattan erteilte keine neuen Genehmigungen für derlei Öfen. In Brooklyn hingegen waren sie noch erlaubt und so zog das Lokal an die jetzige Adresse! Der Ofen wiegt 25 Tonnen und sorgt mit einer Temperatur von ungefähr 650 °C (und das ist verdammt heiß!) für unnachahmliche Krusten. Ein frisch hergestellter Teig, die tägliche Belieferung mit frischem Mozzarella und erntefrischen Flaschentomaten (San-Marzano-Tomaten) machen den Genuss perfekt!

MERICAN
EAGLE.

2

HIBINO

333 Henry St., Brooklyn – NY 11201
Tel. +1 718 260-8052 – www.hibino-brooklyn.com
geöffnet: Mo–Do 12:00–14:30 Uhr und 17:30–22:00 Uhr, Fr 12:00–14:30 Uhr und 17:30–22:30 Uhr, Sa 17:30–22:30 Uhr, So 17:30–22:00 Uhr

Dieses kleine Imbisslokal, das von Laufkundschaft lebt, hat sich auf traditionelle und modern interpretierte Sushi-Gerichte spezialisiert, auf sogenannte *obanzai* (Tapas nach Kyoto-Art), und auf hausgemachten Tofu. Letzteren selbst herzustellen, ist eine Heidenarbeit und gar nicht so einfach.

HIBINO

Frischer Tofu mit geraspeltem Ingwer, Frühlingszwiebeln und Soja-Dashi-Soße

Den scheinbar frühesten Beleg für Tofu als Nahrungsmittel liefert eine Steintafel in einem Grab aus der Han-Zeit, die angeblich die Herstellung von Tofu illustriert. Des Weiteren gibt es ein Gedicht, ein Hochlied auf den Tofu, geschrieben von Su Ping im Jahre 1500. Ob beide Quellen echt sind, weiß man nicht so genau, Tatsache aber ist, dass Tofu seinen Weg über China nach Japan fand. Kento-Priester, die während der Nara-Zeit (710–794 n. Chr.) nach China reisten, brachten das Wissen um die Tofu-Herstellung in das Land der aufgehenden Sonne. Schriftlich erwähnt wurde das Wort Tofu in Japan erstmals im Tagebuch des Shinto-Priesters Nakaomi, der ihn als Opfergabe auf dem Altar darbrachte.

Doch erst 1489, mit den Kanji (den chinesischen Schriftzeichen), verbreitete sich der Begriff auch in Japan und wurde unter den Samurai und in Adelskreisen sehr populär. Noch später, während der Edo-Zeit (1603–1867), wurde Tofu auch im gemeinen Volk beliebt. 1782 kam sogar ein Tofu-Kochbuch heraus, »Tofu Hyakuchin«, das zum Bestseller wurde.

1895 eröffneten Hirata & Co. das erste Tofu-Restaurant in den USA, und zwar in San Francisco. Tofu ist sehr gesund und mit besten Zutaten nach alter handwerklicher Tradition hergestellt ein Hochgenuss. Das Hibino zeigt vielfältige Tofu-Kochkunst in Vollendung bei stets bester Qualität, wie ich sie außerhalb Japans selten geschmeckt habe. Überzeugen Sie sich selbst und entdecken Sie diese verborgene kulinarische Perle im Brooklyner Viertel Cobble Hill.

VINEGAR HILL HOUSE

72 Hudson Ave., Brooklyn – NY 11201
Tel. +1718 522-1018 – www.vinegarhillhouse.com

geöffnet: Mo–Do 18:00–23:00 Uhr, Fr 18:00–23:30 Uhr,
Sa 10:30–15:30 Uhr und 18:00–23:30 Uhr, So 10:30–15:30 Uhr und 17:30–23:00 Uhr

Das Vinegar Hill liegt etwas nördlich von Dumbo. In diesem Viertel von Brooklyn hat die Waterfront des East River noch immer einen stark industriellen Charakter, dessen rauer urbaner Charme einen auf dem Weg von der nächstgelegenen U-Bahn-Station zum Vinegar Hill House begleitet. Im Gegensatz dazu empfängt dieses seine Gäste in einem urgemütlichen Ambiente.

Tintenfisch, Ackerlauch, Tahini, Sellerie, Sultaninen

Das Vinegar Hill House ist eine Mischung aus Nellie's Restaurant (aus der Fernsehserie »Unsere kleine Farm«) und dem Freemans, einem angesagten Lokal in der Lower East Side.

Während die Atmosphäre ähnlich gemütlich ist wie im Nellie's, ist das Essen doch zweifellos deutlich besser. Das rustikale Inventar, die gedämpfte Beleuchtung sowie gelegentliche Spuren von Kerzenwachs auf den Holztischen verleihen dem Restaurant einen Hauch von Nostalgie und Hafenfolklore, die an den maritimen Charme echter Seemanns-Spelunken mit Liedern des großartigen Jacques Brel erinnern.

Glanzstück ist ein Ofen, der nur mit Holz befeuert wird. Eine solche Vorrichtung, gewissermaßen der Altar der Küche, verleiht den sehr einfach erscheinenden Gerichten einen besonderen Geschmack und Tiefe. Viele Gerichte kommen direkt aus dem Ofen, was sie geschmacksintensiver macht, ähnlich wie dies mit Robatayaki (der Zubereitung auf einem Grill) in der japanischen Küche gelingt. Im Unterschied zum Freemans mit seiner eher hochstilisierten Küche heben die Köche im Vinegar Hill House einfache Gerichte auf allerhöchstes Niveau, indem sie puren Geschmack und kulinarische Kreativität zum Ausdruck bringen. Einige ihrer Gerichte haben bereits lokalen Kultstatus erlangt, wie zum Beispiel die Schweinekoteletts.

Die Gerichte werden intuitiv kreiert, was beim Blick auf die Speisekarte sofort auffällt, denn die eigenwilligen Zusammenstellungen scheinen erst gar nicht so recht zusammenzupassen. Doch schon beim ersten Bissen erweisen sie sich als wunderbare Gaumenfreude. Das Vinegar Hill House ist ein Restaurant mit hohem Wohlfühlfaktor und einzigartigem Flair, auch im Garten. Es ist der perfekte Ort, um einen wunderbaren Tag nach einem Spaziergang durch Manhattan ausklingen zu lassen. Am besten, Sie sind kurz vor Öffnungszeit da. Einfach ankommen, abschalten und genießen – Sie werden es nicht bereuen!

french Louie
Our garden is OPEN
AMIGOS

4

FRENCH LOUIE

320 Atlantic Ave. (zwischen Smith St. und Hoyt St.), Brooklyn – NY 11201
Tel. +1 718 935-1200 – www.frenchlouienyc.com

geöffnet: Mo–Do 11:30–22:30 Uhr, Fr 11:30–23:30 Uhr,
Sa Brunch 10:00–15:00 Uhr, Sa Dinner 17:00–23:30 Uhr, So Brunch 10:00–15:00 Uhr, So Dinner 17:00–22:00 Uhr

Im kleinen Viertel Boerum Hill ist die Geschichte von Louis Seymour noch immer lebendig. Louis ritt auf seinem Esel durch die Adirondack Mountains, kannte jede Ecke wie seine Westentasche. Er war Holzfäller, Fischer und Jäger, der in dieser wunderschönen Gegend um den Lake Placid als Einsiedler lebte.

Escargots Marchand de Vin

Louis wurde 1832 in Ottawa geboren, im französischsprachigen Teil Kanadas. Schon in jungen Jahren zog es ihn fort. In den USA schloss er sich zunächst einem Zirkus an, bevor er dann zurückgezogen in den ausgedehnten Wäldern der Adirondack Mountains von den reichen Schätzen der Natur lebte. Er war landauf, landab bekannt, denn zweimal im Jahr kam er aus dem Wald in die Dörfer, brachte wilde Forellen und Biberfelle mit und man feierte ein rauschendes Fest.

Sein freier Geist und seine positive Lebenseinstellung machten Louis oder French Louie, wie ihn alle nannten, überall beliebt. Lange nach seinem Tod im Jahr 1915 ist er auch heute noch Quelle der Inspiration für dieses wunderschöne Restaurant mit 50 Plätzen.

Doug Crowell und Ryan Angulo, das Team hinter dem Buttermilk Channel Bistro in Carroll Gardens, eröffneten ihr Lokal als eine Hommage an diese Legende. Das Bistro hat ein hohes Renommee erworben, indem es mit seiner traditionellen Küche fest verwurzelt ist in regionale Spezialitäten aus einheimischen Zutaten. Doug (der Mann für alles) und Ryan wollten beide hoch hinaus und haben ein Restaurant-Highlight im wahrsten Sinne des Wortes geschaffen.

Buttermilk Channel heißt übrigens der Gezeitenkanal zwischen Brooklyn und Governors Island. Früher brachten die Farmer ihre Molkereiprodukte von Brooklyn über den Kanal auf die Märkte von Manhattan; bei rauer See, so sagt man, habe sich die Milch bis zur Ankunft in Manhattan in Buttermilch verwandelt.

Die Speisekarte, die Küchenchef Justin Fulton zusammengestellt hat, macht die Auswahl schwer. Die zeitgemäße amerikanische Küche begeistert mit Anklängen an die Küche der ehemals französischen Gebiete und Enklaven wie New Orleans und Montreal. Kulinarisch gesehen ist wohl nichts französischer als Schnecken! Die Spezialität des Hauses sind Escargots Marchand de Vin – und der Name sagt alles: schöne, große Schnecken in einer reichhaltigen Sauce bordelaise mit Austern, hausgebeiztem Speck und, ja natürlich, Pilzen. Ein himmlischer Genuss!

Im gemütlichen Garten lässt es sich fantastisch sitzen, und auch wenn sich das städtische Umfeld von Brooklyn nicht richtig ausblenden lässt – French Louie lässt grüßen!

ODETTA
KIDDOS

Roberta's

5

ROBERTA'S

261 Moore St. (zwischen Bogart St. und White St.) – NY 11206
Tel. +1(718) 417-1118 – www.robertaspizza.com
geöffnet: Mo–Fr 11:00–00:00 Uhr, Sa–So 10:00–00:00 Uhr

Wenn Sie ein Restaurant betreten, Container mit der Aufschrift »Evergreen« sehen, eine Zeichnung an der Wand, die einen halb nackten Frauenhintern mit der Aufschrift »Nice Buns« zeigt, einen Feuer speienden Pizzaofen, daneben eine humorvolle Hommage auf das Cowboy-Liebespaar aus »Brokeback Mountain« in Form eines Bildes, das die beiden mit Pizza-Gesichtern zeigt, und »Master of Puppets« aus den Lautsprechern dröhnt, dann sind Sie wahrscheinlich gerade im Roberta's gelandet.

Pizza Cowabunga Dude

… die Mad-Max-Version eines American Diner

In einer unscheinbaren Straße im Stadtviertel Bushwick findet man diese Mad-Max-Version des klassischen American Diner, eine Lokalität mit einem gewissen Hipster-Flair. Doch das Roberta's steht für Spaß, Unterhaltung und verdammt gutes Essen. Ich sträube mich förmlich, das Roberta's als Pizzeria zu bezeichnen, auch wenn die Hälfte der Gäste nur wegen der Pizza herkommt, denn die ist wirklich bombastisch gut. Laut Lauren Calhoun, der »Pizza-Chefin«, kommt es auf die richtige Teigmischung und reichlich Mozzarella an. Die Pizzabeläge wechseln ständig. Meine persönlichen Favoriten waren immer die Pizza Breakfast-Burrito oder die Cheezus Christ, momentan aber stehe ich auf die Cowabunga Dude: Tomaten, Caciocavallo, Peperoniwurst, Pilze, Zwiebeln, grüne Paprika, Oliven. Der Hammer!

Ich liebe dieses Lokal; es ist immer ein Erlebnis und ja, ich wiederhole mich gerne, das Essen ist sagenhaft. Vor allem der hausgemachte Entenschinken oder die Pastrami-Sandwiches sind unwiderstehlich, und wenn Tatar die Tagesempfehlung ist, kann ich mich nicht mehr halten. Carlo Mirarchi, ein Vollblutkoch, der auch das Sterne-Restaurant Blanca gleich nebenan betreibt, gibt hier einen ausgezeichneten Einblick in seine Kunstfertigkeit. Das Roberta's ist in jeder Hinsicht Spitzenklasse!

MIGHTY QUINN'S

PIZZA MOTO
PIZZA MOTO
MOBILE WOOD FIRED OVEN

FORT GREENE FLEA
SMORGASBURG
BROOKLYN FLEA
TOTE BAGS $10
MUGS $5
SMORGASBURG

ETHIOPIAN
CONSUMER

6

SMORGASBURG

Smorgasburg Williamsburg, East River State Park, 90 Kent Ave. (N. 7th St.), Brooklyn – NY 11211

geöffnet: Sa 11:00–18:00 Uhr

Smorgasburg Prospect Park, Prospect Park, Well House Dr., Brooklyn – NY 11225

geöffnet: So 11:00–18:00 Uhr

www.smorgasburg.com

Jedes Jahr, wenn ich nach einem kalten Winter durch die New Yorker Straßen gehe und japanische Kirschblüten vom nahenden Frühling künden sehe, mache ich vor lauter Freude Luftsprünge. Endlich wieder Smorgasburg-Zeit!

BonXChouie
Fried Anchovies
Fresh Sandwiches
$10 Grilled Salmon
Cornmeal Crusted Cod
Sambora $4

people's pops
Ice Pops
$3.50
Apple Rosewater
Apricot Raspberry
Strawberry Lemongrass
Shave Ice
Lemon Basil
Plum Orange Blossom
Made with REAL, LOCAL FRUIT
FRESH

VERMONT MAPLE LEMONADE
Organic Vegetables

QUEEN COBRA THAI

ICE CREAM SANDWICHES
menu
GOODWICH

tips for the girls

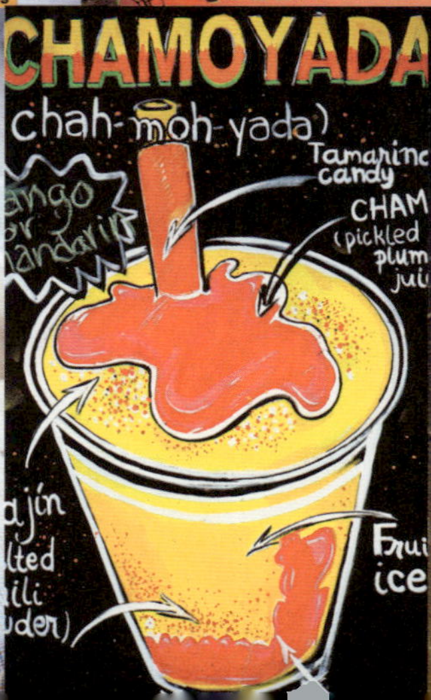
CHAMOYADA
(chah-moh-yada)

COLD WATER! $1
BIG BEAR HUGS

COCONUT

Lokale Anbieter

Smorgasburg ist eine Initiative der Brooklyn Flea, einer Firma, die ursprünglich auf die Organisation großer Flohmärkte entlang der US-amerikanischen Ostküste spezialisiert war. Da sich aber immer mehr Essensstände anschlossen und ihre Speisen feilboten, fand man, dass es an der Zeit sei, eine neue Initiative ins Leben zu rufen: Smorgasburg (eine Wortkombination aus Smorgasbord und Williamsburg) – inzwischen eines der größten wöchentlichen Gastro-Ereignisse in den USA.

Der Markt mit über 100 Essensständen ist für alle passionierten Schlemmer ein wahres Eldorado. Manche Stände kommen recht bescheiden daher, andere wiederum sind sehr spektakulär aufgemacht. So wie NYC ein multikultureller Schmelztiegel ist, so erwartet den Besucher hier auf der New Yorker Variante des berühmten Djemaa el-Fna in Marrakesch eine einzigartige kulinarische Vielfalt.

Lediglich die atemberaubende Sicht auf die Skyline von Manhattan und die Brooklyn Bridge erinnert bisweilen daran, dass man nicht auf einem exotischen *souk* ist, sondern mitten in Brooklyn. Jedes Mal, wenn ich mich auf dieser Schlemmermeile durchprobiere, bin ich irgendwann pappsatt … und will mehr! Und das ist völlig in Ordnung, denn wer hier widerstehen kann, ist kein echter Gourmand!

SHALOM JAPAN
FOOD &
BROOKLYN, NY.
DRINKS

SUNDAY, JUNE 1ST
SAKE KASU CHALLAH, RAISIN BUTTER - 7
WEAKFISH SASHIMI SALAD - 15
SMOKED TORO TOASTS, RAMP CREAM CHEESE - 9
SPRING JEW EGG - 13
CHILLED CHAWANMUSHI, HONSHIMEJI, SPRING ONIONS, SHRIMP - 14
TUNA TATAKI, BLACK TAHINI - 17
ABURAAGE POUCHES, RACLETTE, GREEN TOMATO RELISH - 10
OKONOMIYAKI, CORNED LAMB'S TONGUE, BONITO - 11
AGEDASHI TOFU, FAVAS, GREEN BEANS, FRESH CHICKPEAS - 13
TERIYAKI DUCK WINGS - 15
MATZO BALL RAMEN - 17
ASHA-CRUSTED FLUKE, ASPARAGUS, MUSHROOMS, SAKE BEURRE BLANC - 26
ASTRAMI-STUFFED CHICKEN, CABBAGE, POTATO SALAD - 27
AGYU STEAK, EGGPLANT AKA MISO, TOKYO TURNIP, RICE CAKE - 32
OX BOWL, RICE, DAIKON, AVOCADO, IKURA - 23

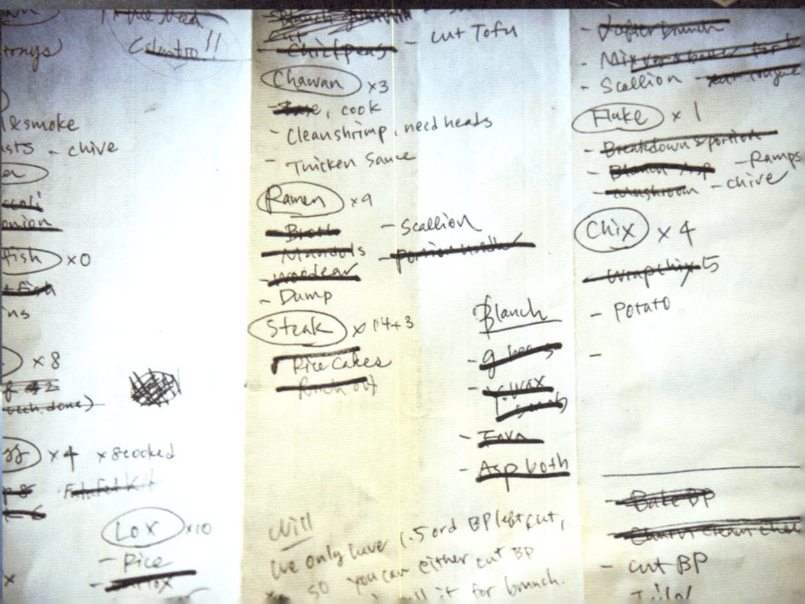
- cut Tofu
Chawan x3
cook
- Cleanshrimp, need heads
- Thicken Sauce
Ramen x9
- Scallion
- Dump
Steak x 14+3
Blanch
- Potato
- Scallion
Fluke x 1
- Ramps
- chive
Chix x 4
Lox x10
- Rice
- cut BP

7

SHALOM JAPAN

310 S 4th St. (@Rodney St.) – NY 11211
Tel. +1 718 388-4012 – www.shalomjapannyc.com
geöffnet: Di–Mi 17:30–22:00 Uhr, Do–Fr 17:30–23:00 Uhr,
Sa–So Brunch 11:00–15:00 Uhr, Sa Dinner 17:30–23:00 Uhr, So Dinner 17:30–22:00 Uhr

Sawako Okochi und Aaron Israel, die Chefs im Shalom Japan, sind kulinarische Alleskönner, was sehr viel mit ihren kulturellen Wurzeln zu tun hat. Sawako, geboren in Hiroshima, kam 2000 über Texas nach NYC. Aaron, der in Great Neck (New York) groß geworden ist, arbeitete zuvor in einigen der renommiertesten Gastronomiebetrieben.

Okonomiyaki, gepökelte Lammzunge, Bonitoflocken

So ungewöhnlich das Paar, so ungewöhnlich der Name ihres Restaurants: Shalom Japan. Die Inspiration zu diesem Namen kam von einem koscheren Restaurant in Soho (22 Wooster St.), wo Miriam Mizakura, eine japanische Jüdin, sang, tanzte und jüdische Witze zum Besten gab. Dazu servierte sie gefilte Sashimi oder Challah. Leider gibt es dieses kuriose Lokal seit guten zehn Jahren nicht mehr.

Das Shalom Japan ist leicht zu finden. Es liegt wenige Blocks von der Williamsburg Bridge entfernt, direkt gegenüber vom Rodney Park. Folgen Sie einfach der Hip-Hop-Musik, die aus dem Park schallt, wenn Jugendliche dort Basketball spielen.

Das Restaurant ist mehr als ein einzigartiger Ort des Zusammenwirkens; hier verschmelzen zwei ganz eigene Kulturen, Küchen und Leidenschaften für feine Speisen miteinander. Entstanden sind ausgefeilte Gerichte, die beiderlei Kulturen feiern. Die jüdische Küche scheint auf den ersten Blick nicht das gleiche Maß an Raffinesse zu besitzen wie die japanische, aber das kulinarische Duett funktioniert ganz hervorragend. Und dass es so gut funktioniert, liegt insbesondere daran, dass die Stadt stets eine immense Auswahl an Frische- und Trockenprodukten bietet.

Mir selbst fällt es enorm schwer, mich in diesem Lokal für ein Gericht zu entscheiden. Als Fan der japanischen Küche bin ich immer richtig gespannt darauf, welche japanisch-jüdische Kreation ich diesmal auf dem Teller haben werde. Die hauseigene Variante eines meiner japanischen Lieblingsgerichte, Okonomiyaki, ist ein Renner und vielleicht sogar noch besser als das Original. Harmonisch ergänzt durch eine fast honigsüße Lammzunge, bekommt das Okonomiyaki hier den letzten Pfiff.

Okonomiyaki ist eine Mischung aus Pfannkuchen und herzhaftem Omelett, gefüllt mit Lauch, Chinakohl und Nagaimo (Jamswurzel), überzogen mit japanischer Mayonnaise und Otafuku-Soße (einer Art süßer Worcestersauce), garniert mit getrockneten Bonitoflocken und Ingwer. Dieses schnelle, leckere und sexy Mittagsgericht schmeckt herrlich und zeigt einen weniger bekannten Aspekt der äußerst vielfältigen japanischen Küche.

Als Riesenfan von schwarzem Sesam und Thunfisch war ich hin und weg vom Thunfisch-Tataki mit schwarzer Tahini-Paste. Die fein geschnittenen, kurz scharf angebratenen Thunfischfilets mit innen saftig rohem Fleisch, umgeben von schwarzer Tahini-Paste, sind einfach lecker und einmal mehr eine gelungene Komposition. Schwarzer Sesam wird hauptsächlich für japanische Desserts verwendet, doch für meinen Geschmack schlägt dieses Gericht sogar den Klassiker der japanischen Küche, den Thunfisch mit schwarzer Sesamkruste.

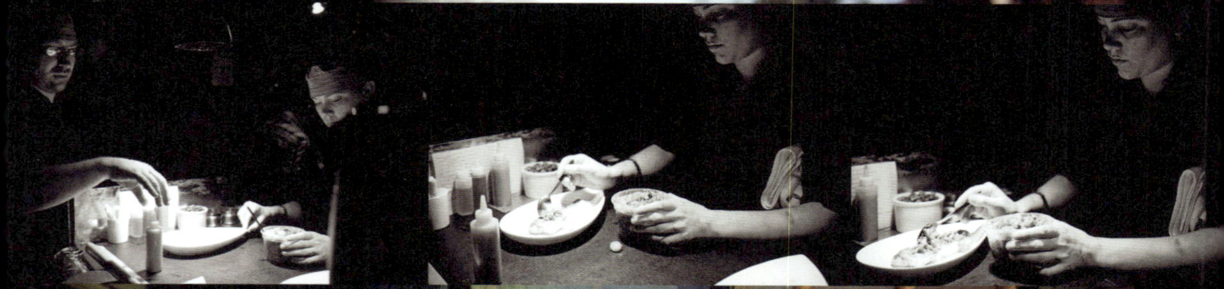

8

TRAIF

229 S 4th St. (zwischen Havemeyer St. und Roebling St.) – NY 11211
Tel. +1 347 844-9578 – www.traifny.com
geöffnet: Di–Do 18:00–00:00 Uhr, Fr–Sa 18:00–01:00 Uhr, So 18:00–00:00 Uhr

Unterwegs ins Traif fragte ich einen der vielen chassidischen Juden auf der Havemeyer Street nach dem Weg. In meinem besten Jiddisch (das für mich wie Flämisch klingt) versuchte ich mich halbwegs verständlich zu machen, bis mir einfiel, dass *traif* das jiddische Wort für nicht koschere Speisen ist, und die sind Juden nach den strengen jüdischen Speisegesetzen nicht erlaubt.

Highlight »Schweinefleisch«

Am Traif angekommen, fällt mir das zierliche Logo am Eingang auf, das ein niedliches Schweinchen mit einem sehr kleinen Herzen zeigt. Welch subtiler Witz in einem Viertel wie diesem, denke ich, zumal Jason Marcus, einer der beiden Inhaber (neben Heather Heuser), Jude ist. (Doch das ist auch schon die einzige jüdische Kapriole, die sich das Lokal leistet.)

Jason ist nicht irgendein Koch; auf seiner Referenzliste finden sich erstklassige Sternerestaurants wie Le Bernardin oder Eleven Madison Park (EMP). Jason, nebenbei bemerkt studierter Philosoph, arbeitet Seite an Seite mit seinen Köchen zusammen in der winzigen Küche des Lokals. Die Speisekarte ist sehr stark saisonorientiert und wechselt daher ständig. Das Konzept: kleine und große Gerichte bestellen, um sie dann mit anderen am Tisch zu teilen.

Ich denke, dass Jason als Küchenchef lange verkannt wurde (was an seinem eigenwilligen Konzept liegen mag) und somit auch das Traif. Jedes Gericht, das ich dort genossen habe, war ein Volltreffer! Jasons Gabe, verschiedene Geschmacksnoten harmonisch in Einklang zu bringen, ist hohe Kunst. Doch wenn ich mir das belebte Lokal so betrachte, dann spricht alles dafür, dass sich Jasons fantastische Gerichte mittlerweile herumgesprochen haben.

Jason und Heather haben sich in San Diego kennengelernt, wo sie zusammen in einem Restaurant arbeiteten. Sie verliebten sich ineinander und fassten einen konkreten Plan: quer durch Europa reisen und danach in New York ein eigenes Restaurant eröffnen, das Traif. In Barcelona hatte es ihnen vor allem eine Bar angetan, das Xix (»chicks« auf Katalanisch ausgesprochen). Später in New York, als sie das Traif bereits eröffnet hatten, tat sich in der gleichen Straße (241 4th St.) die Chance für ein weiteres Lokal auf. Sie zögerten nicht lange und gründeten in Erinnerung an ihr Lieblingslokal in Barcelona das Xixa. Das Interieur des neuen Lokals ist kühl und ästhetisch gestaltet. Der Name Xixa (»shiksa« auf Spanisch ausgesprochen) nimmt spielerisch Bezug auf die gemütliche Bar in Barcelona sowie auf die Tatsache, dass Heather Jasons *shiksa* ist, was im Jiddischen eine nicht jüdische junge Frau (typischerweise die nicht jüdische Freundin eines Mannes) bezeichnet. Das Xixa, namentlich ein »mexikanisches« Restaurant, stellt man sich am besten als ein nach Mexico City verlagertes Traif vor. Das Xixa hat ein wahnsinnig tolles Flair, bietet klasse Cocktails und eine beeindruckende Weinkarte. Ich bin ein absoluter Fan von Jasons Küche, Heathers Sinn fürs Detail und für guten Service sowie ihrer beider Sinn für schrägen Humor – eine Top-Kombi!

OUR OWN
Peter Luger
STEAK HOUSE
SAUCE

HO
E
255 NORTH
GREAT N
516 48
luger.c

NO SMOKING

9

PETER LUGER

178 Broadway (@ Driggs) – NY 11211
Tel. +1 718 387-7400 – www.peterluger.com
geöffnet: Mo–Do 11:45–21:45 Uhr, Fr–Sa 11:45–22:45 Uhr, So 12:45–21:45 Uhr

Fast alle Gourmettempel, die mit dem hochkarätigen Zagat Award prämiert sind, hängen diese Auszeichnung für ihre Gäste gut sichtbar aus. In diesem Lokal jedoch begrüßen den Gast gleich beim Eintreten ganze 30 Zagat Awards, die in Zehnerreihen übereinander angeordnet sind.

Steak für zwei, Rahmspinat, deutsche Ofenkartoffeln, Steaksoße

Sensationell! Seit 30 Jahren wird das Peter Luger von den einflussreichsten Restaurantführern in den USA zum besten Steakhouse von NYC gekürt. Doch wenn man sich mal umschaut, die Kerzenleuchter und die einfachen Tische sieht, dann ist eins ganz sicher: Der Inneneinrichtung gelten all die Auszeichnungen bestimmt nicht!

Sobald man eintritt, fühlt man sich fast ein bisschen in der Zeit zurückversetzt. 1887 eröffnete Carl Luger hier sein Café Billiards & Bowling Alley. Wenige Jahre später, im Dezember 1903, lag das Viertel im Schatten der neuen Williamsburg Bridge und war überwiegend von deutschen Einwanderern bewohnt. Williamsburg war außerdem plötzlich viel leichter zu erreichen und das Geschäftsleben erhielt neuen Auftrieb. Peter Luger (1866–1941) war Inhaber und sein Neffe Carl der Chefkoch. Schon damals machten sie sich mit ihren genialen Beefsteaks einen Namen. 1950 beschloss Peters Sohn, das Restaurant in einer öffentlichen Auktion zu verkaufen. Schlechte Idee, denn inzwischen war das Viertel von chassidischen Juden bewohnt, die keinerlei Interesse am Beefsteak der Lugers und schon gar nicht an deren deutscher Tradition hatten. Schließlich kaufte Sol Forman das Gebäude mitsamt Restaurant für 35.000 US-Dollar. Forman war seit 25 Jahren Stammgast im Peter Luger, brachte stets Kunden mit und hatte nicht vor, diese lieb gewordene Gewohnheit aufzugeben. Also schlug er kurzerhand zu und verhalf dem Restaurant zu neuem Glanz. 60 Jahre seines Lebens aß er fünfmal die Woche sein Steak im Peter Luger und starb im Alter von 98 Jahren als glücklicher Mann.

Ich kann und will das Geheimnis dieses erstklassigen Lokals nicht lüften. Es beginnt mit dem Fleisch, das seit jeher nach Konsistenz und Geschmack ausgesucht wird und stets allerbeste Premiumqualität hat (USDA Prime). Zudem versteht man sich hier meisterlich auf die langsame Trockenreifung des Fleisches, das sogenannte *dry aging*. Vor 30 Jahren aß ich hier zum allerersten Mal und schon damals freuten sich meine noch unerfahrenen Geschmacksknospen über diesen so außergewöhnlichen Gaumenschmaus, den ich mir bis heute nicht entgehen lasse, wann immer ich in New York bin. Das perfekt zubereitete Steak, butterzart und geschmackvoll, dazu der unglaublich köstliche Rahmspinat und die perfekten Ofenkartoffeln – so lecker wie damals bei Oma. Dazu gehören unbedingt ein paar großzügige Löffel der unübertroffenen »Peter Luger Steak Sauce«, von der ich mir immer ein paar Flaschen mit nach Hause nehme.

FOOD
LINE

BARRIER

Ball
WIDE MOUTH

Brooklyn
Brown Ale
Bronx
Belgian Pale Al

10

FETTE SAU

354 Metropolitan Ave. (zwischen Havemayer St. und Roebling St.) – NY 11211
Tel. +1 718 963-3404 – www.fettesaubbq.com
geöffnet: Mo 17:00–23:00 Uhr, Di–Do 12:00–23:00 Uhr, Fr–Sa 12:00–00:00 Uhr, So 12:00–23:00 Uhr

Williamsburg ist ein trendiges Viertel, wo Obdachlose und Graffiti mit Gourmet-Käseläden, extravaganten Musikfestivals, hippen Nobelboutiquen und Edelrestaurants konkurrieren müssen. Einige Stellen dieses Viertels erinnern mich tatsächlich ein bisschen an Berlin.

SHORT PLATE
RIB
BRISKET
SQUARE-CUT CHUCK
SHANK

Geräucherte Ochsenbrust, handgezupftes Berkshire-Schweinefleisch, hausgemachte Berkshire-Wurst

Vom Gehweg aus ist die Fette Sau gar nicht so leicht zu finden. Doch es gibt zum Glück einen Anhaltspunkt, den man nicht verfehlen kann: den ach-so-wundervollen Rauchgeruch von gebrutzeltem Fleisch, der den Eingang, über dem ein winziges, unscheinbares Schild hängt, zu umwabern scheint und nach drinnen lockt. Nie würde man vermuten, dass sich genau hier eines der erstklassigen Grillrestaurants von New York befindet.

Das Gebäude, in dem die Fette Sau beherbergt ist, war früher einmal eine Kfz-Werkstatt, was sich am äußeren Erscheinungsbild auch heute noch zeigt. Ein langer Fahrweg, wo einfache Picknicktische stehen, führt auf das Restaurant zu. Das Restaurant selbst ist das reinste Sinnenfest, schon beim Betreten. Der köstliche Duft, der in der Luft hängt, macht hungrig und weckt den Appetit. Sie verwenden hier Rot- und Weiß-Eiche, Apfel-, Kirsch-, Pfirsich- und Ahornholz, um die Aromenvielfalt zu erreichen, die das Fleisch durchdringt. Das gesamte Holz stammt übrigens aus dem Hinterland von New York. Durch die Zapfhähne mit Zapfhahngriffen aus alten Metzgermessern fließt das »Fette Brau« in Strömen, ein Bier, das nach Pilsner Art eigens für dieses Lokal gebraut wird.

Das Bier ist, nebenbei bemerkt, die große Stärke der Fetten Sau. Kein Wunder, denn die Inhaber, Joe Carroll und Kim Barbour, betreiben gleich gegenüber auf der anderen Straßenseite eine der besten Bier-Bars in ganz New York – das Spuyten Duyvil. Zu den Spezialitäten gehören belgische Biere sowie Biere unbekannter kleinerer Brauereien. Spuyten Duyvil ist ein Viertel in der Bronx, nahe des gleichnamigen kurzen Flussabschnitts, wo der Hudson tobt wie ein *spuyten duyvil*, ein wild gewordener, Feuer speiender Teufel.

Nun ist New York City der Tradition des American Barbecue naturbedingt nicht ganz so verhaftet wie, sagen wir mal, Dallas oder Kansas City, doch die hohe Kunst des Grillens wird auch hier nicht minder ernst genommen. Meines Erachtens ist die Fette Sau eine der besten BBQ-Adressen der Welt. Das Restaurant selbst ist vorzüglich ausgestattet. Die Wand an der Ostseite ist vom Boden bis zur Decke mit einem Fresko bedeckt, das sämtliche Teilstücke vom Rind, Schwein und Lamm veranschaulicht, den einzigen Tieren, die hier auf den Teller kommen. Die übrigen Wände sind wunderschön gekachelt oder in stilvollem Braun, abgesetzt mit weißen Streifen, gestaltet. Ein brutzelndes Herdfeuer, das auf einem Bildschirm flackert, verströmt eine heimelige Atmosphäre.

Alle Tische sind aneinandergestellt und eine Tischbedienung gibt es nicht. Shenae behält alles gut im Blick, während die Gäste hereinströmen und die Warteschlange immer länger wird. Sämtliche Grillgerichte sind auf einer Tafel angezeigt und man bestellt die Portionen individuell einfach nach Gewicht oder gewünschter Anzahl. Dazu werden köstliche Beilagen angeboten, die ständig variieren. Zu den Rennern gehören deutscher Kartoffelsalat und Chili. Am besten, Sie kommen in der Gruppe, damit Sie sich durch all die leckeren Grillspeisen durchprobieren können, was Sie allein oder zu zweit kaum schaffen werden. Die Fette Sau ist die New Yorker Top-Adresse der BBQ-Tempel schlechthin!

GLASSERIE
eat / drink

11

GLASSERIE

95 Commercial St. (zwischen Box St. und Ash St.) – NY 11222
Tel. +1(718) 389-0640 – www.glasserienyc.com

geöffnet: Mo–Fr Lunch 11:30–14:30 Uhr, Mo–Do Dinner 17:30–23:00 Uhr, Fr Dinner 17:30–00:00 Uhr, Sa–So Brunch 10:00–16:00 Uhr, Sa Dinner 17:30–00:00 Uhr, So Dinner 17:30–23:00 Uhr

»Commercial Street?«, fragt mich der Taxifahrer. »Höhe Box Street? Was wollen Sie denn da?«, sagt er. »Da ist doch nichts außer ein paar Baustellen.«

Gelbflossen-Thun, Erdbeeren, Rhabarber, Rosenduft, Jalapeño-Öl

Dieses Gericht illustriert die ganze Erlesenheit und Raffinesse dieser Küche.

In Greenpoint, dem nördlichsten Zipfel von Brooklyn, gibt es in der Tat etliche große Neubauprojekte.

Und in der Tat verirren sich Taxis nur dann hierher, wenn sie Fahrgäste in die Glasserie chauffieren, die sich in den eindrucksvollen ehemaligen Glashüttenwerken in Greenpoint befindet. Das imposante Gebäude wurde von Christian Dorflinger erbaut, einem französischen Einwanderer aus dem Elsass.

Die Glasserie gehört zu der Sorte Restaurants, die dem Gast gleich beim Eintreten ein Wohlgefühl vermitteln. Die Inhaberin, Sarah Conklin, die als Halblibanesin im Nahen Osten aufgewachsen ist, will mit ihrer Küche ihre Wurzeln und persönlichen Vorlieben zum Ausdruck bringen.

Man muss kein Feinschmecker sein, um zu merken, wie gut das Essen in diesem Lokal ist. Chefkoch ist Eldad Shem Tov, ein Israeli, dessen gesamte Karriere auf die erlesene Küche des Vorderen Orients ausgerichtet war. Diese Einflüsse kommen eindeutig durch, sind aber nicht dominant. Im Gegenteil, Eldads Gerichte entführen den Gast in himmlische kulinarische Sphären, so angenehm fein und duftig ist ihr Geschmack. Als ich zum ersten Mal hier war, war ich hin und weg: Kaninchen an Kichererbsen auf eingelegtem Gemüse mit Kräutersalat. Die köstliche Kaninchenkeule in Entenschmalz mit leichtem Räucheraroma ist mir bis heute unvergesslich. Das Rückenstück war superzart und hatte den unwiderstehlichen Geschmack von Hawayij, der typisch orientalischen Gewürzmischung (auch jemenitische Gewürzmischung genannt) aus gemahlenem Kümmel, Safran, getrockneten Zwiebeln, Kardamom, Koriander, schwarzem Pfeffer, Anis, Fenchel und Ingwer, die ein sehr charakteristisches Aroma verleiht. Ansonsten meinte ich auch scharfe Chiliflocken (Urfa Biber) herauszuschmecken, die mit einem wunderbaren Geschmack von süßen Pflaumen einhergingen.

Auch ein anderes Gericht in der Glasserie, das Yellow-fin Crudo, zeigt die Raffinesse und Feinheit dieser Küche: Gelbflossen-Thun an Erdbeeren mit einem Hauch von Rosenduft, erfrischendem Rhabarber, Jalapeño-Öl und einer Prise Aleppo-Pfeffer. Alles scheint hier ganz natürlich zusammenzugehen. Ein rundum gelungenes Konzept im kulinarischen Herzen New Yorks, dessen kann sich Sarah Conklin sicher sein.

Brouwerij

BREWED IN BROOKLYN
GREENPOINT
BEER & ALE COMPANY

Dirck the Norseman
GREENPOINT BEER & ALE Co.

12

GREENPOINT BEER & ALE CO.

7 N. 15th St. (zwischen Gem St. und Franklin St.) – NY 11222
Tel. +1 718 389 2940 – www.greenpointbeer.com
geöffnet: Mo–Do 17:00–00:00 Uhr, Fr 14:00–02:00 Uhr, Sa 12:00–14:00 Uhr, So 12:00–00:00 Uhr

Edward Raven ist der Inhaber und die treibende Kraft in der Lane Brewery auf der Greenpoint Avenue, in Brooklyns angesagtestem Bierhaus.

Geschmorte Schweinshaxe

Ein kühner Traum ist hier in der ehemaligen Plastikfabrik nahe dem Ufer des East River wahr geworden. Die Lokalität ist überaus beeindruckend und wird dominiert von einer großen, blank gewetzten Brauerei, die durch ein riesiges Fenster von jeder Ecke des Gastraums aus deutlich zu sehen ist. Das Sagen hat hier Brau- und Biermeister Chris Prout. Zusammen bilden er und Edward das Team der ersten Hausbräu-Kneipe in Brooklyn. Das Ergebnis ist ein fantastischer, gigantischer Pub mit jeder Menge Platz für Livebands, in dem sich Chris, der Braumeister, nach Herzenslust austoben und sein ganzes kreatives Talent entfalten kann.

Die Speisen sind raffiniert, deftig und auf Chris' Biere abgestimmt – keine leichte Küche also, und zwar im doppelten Sinne. Die beiden haben beschlossen, die Speisen simpel, aber dennoch schmackhaft zu halten. Doch simpel ist bekanntlich nicht immer einfach. Auf der Karte stehen Rippchen, Schweinshaxe, die an zu Hause erinnert, oder sensationelle Kalbsbrust – elf Stunden lang geräuchert. Fantastisch! Und alle Speisen harmonieren perfekt mit Chris' kräftigen Bieren wie dem angenehm erfrischenden und trockenen Tupelo IPA mit ganz feiner Honignote oder dem Helles Gate Smoked Lager mit seinem feinrauchigen Geschmack. Man kann sich hier durch 16 verschiedene frisch gezapfte Biersorten probieren; zehn davon sind eigene, direkt vor Ort gebraute Hausmarken. Eine fantastische Kneipe in jeder Hinsicht, wie gemacht zum gemütlichen Abhängen!

Lucky
Luna
RESTAURANT & BAR

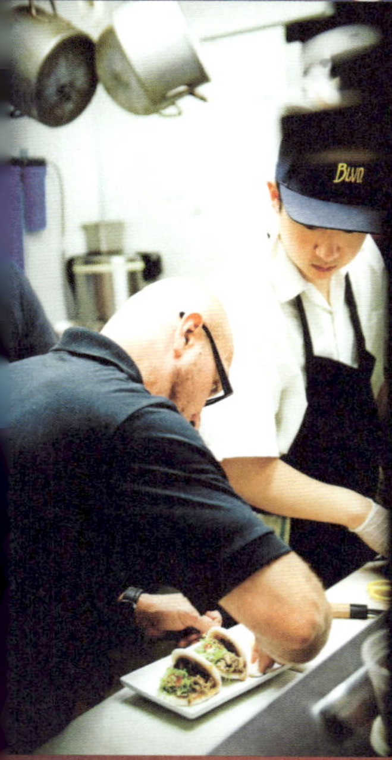

Lucky
Luna

Iced Luna Milk Tea
Michelada $5
2 Tacos for $7.50
Cucumber Salad $7
Lunch 12-3
RUFF

13

LUCKY LUNA

167 Nassau Ave. (@ Diamond St.) – NY 11222
Tel. +1 718383-6038 – www.luckyluna-ny.com
geöffnet: Di–Mi 17:30–22:00 Uhr, Do 12:00–22:00 Uhr, Fr 12:00–23:00 Uhr,
Sa–So Brunch 12:00–17:00 Uhr, Sa Dinner 17:30–23:00 Uhr, So Dinner 17:30–22:00 Uhr

In einer Straße mit fast ausschließlich polnischen Bewohnern in Greenpoint kratzten drei Freunde 28.000 US-Dollar zusammen, um sich ihren Traum zu erfüllen. Er wurde wahr: In einer Eckstube mit ehemals polnischer Küche gründeten sie das Lucky Luna.

Pekingenten-Confit-Bao-Buns, Hoisin-Mayo & Chicharrones (Grieben)

Die Wege von Howard Jang, Ken Ho und Marisa Cadena kreuzten sich vorher kaum, aber als sie sich alle drei in New York wiedertrafen, beschlossen sie, gemeinsam ein Lokal aufzuziehen. Aufgrund ihrer persönlichen Erfahrungen entschieden sie sich für ein Fusionskonzept, eine Kombi aus taiwanesischer und mexikanischer Küche mit einer kalifornischen Note – ein hehres Ziel in Anbetracht einer florierenden taiwanesischen und mexikanischen Gastronomie in New York. Die Gerichte im Lucky Luna sind inspiriert vom authentischen Streetfood beider Länder. Kaum zu glauben, aber Oaxaca und Taipeh haben kulinarisch mehr gemeinsam, als es auf den ersten Blick erscheinen mag, wie ich immer wieder feststelle, wenn ich hier essen gehe. Auf alle Fälle suchen beide Küchen die Harmonie zwischen süß und scharf, zwischen pikanten Fleisch- und knackfrischen Gemüsespezialitäten, die mundgerecht serviert werden.

Das Lucky Luna versprüht eine angenehme Leichtigkeit. Infolge des schmalen Budgets liegt der Fokus hier ganz und gar auf den Speisen, nicht auf einem pompösen Interieur; und das zahlt sich am Ende aus! Howards Küche ist auf das »Wesentliche« reduziert und verzichtet auf überflüssigen Schnickschnack – ein seltener Ansatz in einer Stadt wie New York. Überdies legt er großen Wert darauf, seine Zutaten vorwiegend regional und aus nachhaltigem Anbau einzukaufen. Und damit hat er in puncto Geschmack die Nase vorn!

Ich ziehe meinen Hut vor allen Küchenmeistern, die Produkte auch mal extern beziehen, wenn sie der Meinung sind, sie selbst nicht besser hinzubekommen – und keinen Hehl daraus machen. Howard zum Beispiel kauft seine Tortillas in der Tortilleria Nixtamal in Corona im Stadtteil Queens, und für die Buns fährt er ins Peking Foods nach Bushwick in Brooklyn. Mal finden die beiden kulinarischen Hochkulturen zu einer feinen Fusion zusammen und mal harmonieren sie auch gut nebeneinander – was dem Gast die Wahl nicht einfach macht. Am besten, ich nehme einfach alles, denke ich immer prompt. Wenn ich die Raffinesse und Erlesenheit der Speisen schmecke, dann weiß ich eins ganz sicher: Das Team hier hat merklich höhere Ambitionen, als das schlicht gehaltene, unscheinbare Restaurant vermuten lässt.

Mit seinen Pekingenten-Confit-Bao-Buns macht Chefkoch Howard kein Geheimnis aus seiner Bewunderung für den koreanischen Spitzenkoch und Unternehmer David Chang. Chang machte die Bao Buns weltweit bekannt, kleine gedämpfte Teigfladen, die fest zugeklappt und prall gefüllt sind mit köstlichen Zutaten und die in Szenerestaurants gerade extrem angesagt sind. Fairerweise muss ich gestehen, dass mich Howards Pekingenten-Version, ein weiteres Beispiel für perfekte Harmonie und Raffinesse, mehr begeistert hat als die, die ich zuletzt im Momofuku probiert hatte. Auch seine »umgekehrten« Carnitas sind sensationell. Dafür wird das Fleisch zuerst scharf angebraten und dann erst geschmort, was die Carnitas unglaublich saftig macht. Unter allen Restaurants im Viertel ist das Lucky Luna das Nonplusultra!

$ 100 bills please
CASH ONLY
Toasted Coconut
Red Velvet
DONUTS
Guaranteed
Fresh Daily,
TO GO
NOW SERVING
ICE CREAM
DONUT
SANDWICHES
French Toast
All Our Products Are
Made From
100% PURE
VEGETABLE SHORTENI

14

PETER PAN DONUTS AND PASTRY SHOP

727 Manhattan Ave., Brooklyn – NY 11222
Tel. +1 718 389-3676 – www.peterpandonuts.com
geöffnet: Mo–Fr 04:30–20:00 Uhr, Sa 05:00–20:00 Uhr, So 05:30–19:00 Uhr

Doughnuts oder Donuts? Die Schreibweise können Sie sich eigentlich aussuchen. Holländische Einwanderer brachten die Schmalzkrapfen, die damals *oliekoecken* oder auf Englisch *oil cakes* genannt wurden, einst mit in die USA.

Red-Velvet-Donut mit Erdbeereis

Die in Fett ausgebackenen, handtellergroßen Teigbällchen, die aus Mehl, Eiern, Butter, Gewürzen, Hefe und manchmal auch Trockenfrüchten bestehen, waren bald heiß begehrt, insbesondere wenn sie mit Puderzucker bestreut waren. Holländer essen die süßen Kringel traditionell an Weihnachten, doch historisch haben sie eine lange Tradition. Schon im alten Rom und in der arabischen Welt im Mittelalter waren sie bekannt und beliebt. Im 14. Jahrhundert fanden sie ihren Weg nach England, Deutschland und in die Niederlande, von wo aus sie mit den ersten Pilgern und Immigranten in die USA gelangten.

Irgendwann hatte ein junger Amerikaner namens Hanson Gregory (eher zufällig) eine geniale Idee. Er war Steuermann auf einem Schiff und hatte ein paar Donuts dabei, die ihm seine Mutter für die lange Reise mitgegeben hatte. Als am 22. Juni 1847 ein Sturm aufkam, als er am Steuer stand, steckte er die Krapfen kurzerhand auf die Enden des Steuerrads – die ringförmigen Donuts waren geboren. Wie sich herausstellte, ließen sich diese sogar noch viel gleichmäßiger im Frittierfett ausbacken.

Der Peter Pan Donuts & Pastry Shop ist ein Hüter par excellence dieser kulinarischen Tradition namens Donut. Die Zeit scheint hier stillzustehen. Die Bäcker treffen um ein Uhr in der Nacht ein, damit die ersten Donuts frühmorgens um fünf im Laden liegen – backfrisch, warm und herrlich duftend. Und die Kunden stehen sich hier den ganzen Tag lang gegenseitig auf den Füßen. Der Renner? Red-Velvet-Donuts, sie sind immer zuallererst ausverkauft.

Der Laden ist eine Art Kulturdenkmal, und das seit den 1950ern. Zum Donut-Mekka wurde er aber erst 1993, als Christos und Donna Siafakas ihn kauften. Christos war damals Bäcker und Donna arbeitete als Bedienung in einem anderen Donut-Laden in Queens.

Die Donuts hier sind vollkommen anders als die flachen, geschmacklosen industriell gefertigten Sorten, die es in jedem Supermarkt und an jeder Tanke zu kaufen gibt. Peter-Pan-Donuts haben eine unvergessliche Konsistenz, schmecken einfach köstlich und schmelzen zart im Mund. Ich hoffe, dass es diesen Laden ewig gibt!

GARY

15

OLMSTED

659 Vanderbilt Ave., Brooklyn – NY 11238
Tel. +1 718 552 2610 – www.olmstednyc.com
geöffnet: täglich 17:00–22:30 Uhr

Olmsted, ein kleines Lokal im Herzen von Prospect Heights in Brooklyn, gehört derzeit zu den außergewöhnlichsten Restaurants in NYC. Die meisten Zutaten, die Sie hier genießen werden, kommen direkt aus dem hauseigenen Garten hinter dem Lokal, was für Brooklyn höchst ungewöhnlich ist. Im Garten, der auch den Gästen offensteht, werden Drinks und Snacks serviert.

Möhren-Crêpe mit Venusmuscheln

Umgesetzt wurde dieses außergewöhnliche Projekt von drei Gleichgesinnten, Greg Baxtrom, Ian Rothman und Max Katzenberg, die sich im Atera und im Blue Hill in Stone Barns kennenlernten, dem besten Beispiel für eine Küche der kurzen Wege nach dem Motto »Vom Hof direkt auf den Teller«. Greg Baxtrom, Chef und Inhaber des Olmsted, war zuvor in den spannendsten Küchen rund um den Globus unterwegs, wie etwa im Alinea, Per Se, Atera oder im Blue Hill in Stone Barns und im Lysverket in Norwegen.

Im Mai 2016 war Greg so weit, um mit seinem eigenen Projekt durchzustarten, einem ganz besonderen. Er tat sich mit Ian Rothman zusammen, um ein Restaurant mit 50 Sitzplätzen zu schaffen, wo die vegetarische Küche im Mittelpunkt steht, ohne dass es ein rein vegetarisches Restaurant ist. Max Katzenberg übernahm das Management. Nach jahrelanger Erfahrung in den Küchen dieser Welt hatte Greg ein Gespür dafür entwickelt, wie man aus einer spannenden Idee eine Erfolgsgeschichte macht. Ian ist Betreiber der Fairweather Farm in Massachusetts, erregte aber besonderes Aufsehen, als er für das New Yorker Atera einen »Untergrund-Garten« sowie eine »lebendige« Wand entwarf, die das Restaurant täglich mit ungewöhnlichen Kräutern und Gemüsen versorgen. Als »grüner Konzeptentwickler« arbeitete Ian auch im Blue Hill und Black Tree. Als Ian und Greg sich dann zufällig im Atera kennenlernten, war beiden sofort klar, dass sie die Leidenschaft für nachhaltige Ernährungssysteme teilten und auf dieser Basis ein eigenes Restaurant auf die Beine stellen wollten: das Olmsted.

Um in den Garten zu gelangen, geht man durch das Restaurant durch. Die Sitzbänke sind in U-Form gruppiert, ein bisschen so wie die u-förmigen Küchenzeilen in modernen Profi-Küchen. Die ganze Kulisse erinnert an eine Theaterbühne, auf der Pflanzen und Kräuter die Hauptrolle spielen – eine urländliche Erfahrung im Herzen von Brooklyn. Tische gibt es im Garten nicht, nur Sitzbänke, auf denen sich gemütlich ein Snack, Cocktail oder Dessert genießen lässt. Hin und wieder spaziert eine kleine Wachtel vorbei, die aber nur gehalten wird, um Eier zu legen, nicht um in den Kochtopf zu wandern.

Dieses perfekte Ambiente bildet sich in meisterhafter Perfektion auch auf dem Teller ab. Die Speisen haben eine dezente, sehr feine, fast spirituelle Note. Einige spielen mit Temperatur und Konsistenz, mit unerwarteten Geschmackserlebnissen und erinnern an den britischen Spitzenkoch Heston Blumenthal, der bekannt dafür ist, Kochen zur Kunstform zu erheben. Diese Küche ist geradezu durchdrungen von Tiefsinn und Intelligenz. Paradoxerweise ist das Olmsted derzeit eines der ambitioniertesten und zugleich erschwinglichsten Restaurants in New York mit einem überaus attraktiven Angebot. Am besten, Sie bestellen sechs oder sieben Gerichte, die Sie untereinander teilen, mit Ausnahme vielleicht der fantastischen Möhren-Crêpe mit Venusmuscheln, die aus mehreren Lagen besteht und geschmacklich wie optisch derart himmlisch ist, dass man sie ganz für sich allein haben will.

Das Olmsted ist ein echter Segen in der sonst so überteuerten Gastro-Szene der Spitzenklasse – fast zu schön, um wahr zu sein!

16

LEUCA

111 N. 12th St., Brooklyn – NY 11249
Tel. +1 718 581-5900 – www.leuca.com

geöffnet: Mo–Fr 07:00–11:00 Uhr, 11:30–15:00 Uhr und 17:30–23:00 Uhr, Fr bis 00:00 Uhr, Sa 07:00–16:00 Uhr und 17:30–00:00 Uhr, So 07:00–16:00 Uhr und 17:30–23:00 Uhr

Andrew Carmellini gehört zu den renommiertesten italoamerikanischen Spitzenköchen, die Manhattan kulinarisch bereichern. Als er Küchenchef des Café Boulud war, hatte er einige sehr gute Küchenmeister unter seinen Fittichen, darunter Rich Torrisi, Mario Carbone oder David Chang.

Gerösteter Kohl nach Caesar-Salad-Art

Sie schauten alle zu ihm auf. Carmellinis Küche ist nicht sonderlich spektakulär, trotzdem wirklich köstlich und fokussiert auf den gesellig gastlichen Charakter der italienischen Familienküche und auf Essen für die Seele.

In keinem anderen der von Andrew geführten Lokale steht Pizza auf der Karte, nur hier im Leuca (was sich in Brooklyn, der heimlichen Pizza-Hauptstadt, wohl kaum umgehen ließ). Doch im Unterschied zu anderen Pizzerien kann man die Pizza hier nicht vorbestellen und mit nach Hause nehmen. Vielmehr fühlt man sich beim Besuch dieses eleganten Restaurants im William Vale Hotel mit seiner hochfeinen, herzhaften italienischen Hausmannskost und der quirligen, chaotischen Atmosphäre mitten hinein in eine typische süditalienische Stadt versetzt. Leuca ist übrigens eine Stadt nahe Salento in Apulien.

Mit seinem gerösteten Kohl, angemacht als Caesar Salad, verwandelt Carmellini ein so einfaches Gemüse wie Kohl in ein sexy Gericht!

Am 4. Juli 1924, dem amerikanischen Nationalfeiertag, erlebte das grenznahe Restaurant von Caesar Cardini im mexikanischen Tijuana einen wahren Ansturm von US-amerikanischen Gästen. Caesar hatte alle Mühe, diesen Ansturm zu bewältigen, und beschloss kurzerhand, aus den noch acht vorhandenen Zutaten einen Salat zu improvisieren, den später weltberühmten Caesar Salad. Dass ihm damit eine ganz besondere Spezialität gelungen war, dämmerte Caesar erst, als viele der Gäste in sein Lokal zurückkehrten und gezielt nach eben jenem Salat fragten. Tijuana war zu Zeiten der Prohibition von US-Amerikanern stark frequentiert, die das zu Hause herrschende Alkoholverbot hier zu umgehen suchten – mit ein Grund, warum die Familie Cardini ihr Restaurant im mexikanischen Tijuana betrieb, obgleich sie im kalifornischen San Diego lebte. Das berühmte Restaurant von damals, das heute den Namen Caesar's trägt, serviert bis heute den original Caesar Salad von 1924.

Das Leuca in Williamsburg ist ideal, um großartige italienische Speisen zu genießen, insbesondere für all diejenigen, die sich nicht über die Brücken nach Manhattan aufmachen wollen.

RAMEN! GO LIFE!

O RAMEN! GO LIFE!
www.goramen.com

RAMEN! GO LIFE!

17

RAMEN.CO BY KEIZO SHIMAMOTO

13-13 40th Ave., Queens – NY 11101
Tel. +1 929 522 0285 – www.ramenshack.com
geöffnet: Mo–Fr 11:00–15:00 Uhr

Als Keizo Shimamoto durch Japan reiste, um sein Wissen über japanische Nudeln (Ramen) zu erweitern, vermisste er NYC sehr und verspürte unbändige Gelüste … nach Hamburgern.

Nudel-Burger – eine verrückte Idee!

Ramen-Burger

Das Heimweh nach New York und Hamburgern kam für den Japaner Keizo völlig unerwartet. Beherrscht von Gedanken an zu Hause, hatte er plötzlich eine Idee für ein Gericht, das gänzlich neu und ganz schön verrückt war: Ramen-Burger.

Mit nervöser Angst im Bauch präsentierte er seine Kreation im Juni 2013 auf dem Smorgasburg-Festival in Brooklyn erstmals der Öffentlichkeit. Ein neuer Trend war geboren! Der Ramen-Burger ist nicht nur die perfekte Kombi aus japanischer und amerikanischer Kultur, sondern für Keizo auch die perfekte Kombination seiner beiden Lieblingsgerichte aus Kindertagen: Hamburger und Ramen. Der Ramen-Burger in all seinen Varianten ist überraschend, verspielt, anspruchsvoll, lecker, sinnverwirrend. Es ist nicht jedermann gegeben, eine ebenso geniale wie verrückte Idee zu haben, sie umzusetzen und zu einem erfolgreichen Phänomen wachsen zu sehen, wie dies beim Ramen-Burger der Fall war.

Keizo bietet Ramen-Burger in vier Varianten an, denen eins gemeinsam ist: Es gibt keine Brötchen. Als Ersatz dienen perfekt gekochte Ramen-Nudeln, die zu zwei brötchenförmigen Scheiben zusammengepresst und angebraten werden. In einer Variante finden sich zwischen den beiden Deckeln aus japanischen Nudeln ein fantastisches Angus-Beef-Patty, etwas Rucola, eine Scheibe Cheddar, überzogen mit einer Sojasoße nach Keizos Hausrezept, sowie frisch gehackte Frühlingszwiebeln. Die anderen drei Varianten sind mit Yakitori (Grillspießen) statt Rinderhack, mit Rindfleischscheiben oder Tofu.

Inzwischen ist ganz NYC verrückt nach Ramen-Burgern; als Nächstes sollen Los Angeles und Hawaii erobert werden. Und es öffnen neben dem Smorgasburg-Markt und dem Ramen.co immer neue Lokalitäten, um die ungebremste Nachfrage zu bedienen. Vor Kurzem wurde das Berg'n eingeweiht: ein Biergarten (899 Bergen St., Brooklyn, NY 11238), der die Ramen-Burger auf seine Karte genommen hat. Honolulu und LA sollen folgen. Warten Sie nur ab – gut möglich, dass auch Sie bald in den Genuss von Ramen-Burgern kommen!

BROOKLYN

East River
East River State Park
McCarren Park
48th avenue
49th avenue
50th avenue
51st avenue
jackson av
jackson avenue
hunters point ave
skillman av.
51st avenue
borden avenue
2nd street
ash street
commercial street
box street
paidge avenue
dupont street
eagle street
freeman street
green street
huron street
india street
java street
kent street
franklin st.
manhattan avenue
mcguinness boulevard
greenpoint av
greenpoint avenue
calyer street
meserole avenue
milton street
noble street
oak street
west street
norman avenue
meserole avenue
norman avenue
nassau av
nassau avenue
leonard st.
mcguinness boulevard
newell street
humboldt street
n 12th street
n 11th street
n 15th street
n 14th street
kent avenue
driggs avenue
manhattan avenue
wythe avenue
n 10th street
n 9th street
n 8th street
n 7th street
berry street
n 6th street
n 5th street
n 4th street
n 3rd street
n 1st street
bedford av
driggs avenue
roebling street
havemeyer street
brooklyn queens expy
leonard street
metropolitan avenue
grand street
s 1st street
s 2nd street
s 3rd street
s 4th street
hope street
lorimer st
metropolitan av
rodney street
williamsburg bridge
broadway
boringuen place
marcy avenue
s 4th street
keap street
hooper street
hewes street
union avenue
s 8th street
s 9th street
marcy av
division avenue
hewes st
broadway
wilson street
graham av
metropolitan avenue
grand street
grand st
grand street
bushwick avenue
stagg street
meserole street
montrose av
johnson avenue
morgan avenue
ingraham street
morgan av
boerum street
white street
seigel street
moore str.
morgan av.
2, 11, 13, 15, 16, 24, 19, 20, 25
Brooklyn
manhattan bridge
brooklyn bridge
Brooklyn Bridge Park
york st
high st
clark st
flatbush avenue extension
adam street
nassau street
brooklyn queens expy
borough hall
jay st
myrtle avenue
dekalb ave
dekalb avenue
vanderbilt avenue
nevins st
livingston str.
hilton street
atlantic avenue
court street
bergen st
3rd avenue
atlantic avenue
carroll st
union street
4th avenue
bergen st
3rd street
Brooklyn
clarendon road
avenue d
ocean parkway
coney island avenue
cortelyou road
foster avenue
flatbush avenue
avenue j
avenue l
bedford avenue
avenue m
kings highway
ocean parkway
avenue p
0
500 m
N
1
2
3
4
5
6
7
8
9
10
11
12
13
14
15
16
17
18
19
20
21
22
23
24
25

GUT ESSEN – WEITERE ADRESSEN

18 **EXTRA FANCY**
302 Metropolitan Ave. - NY 11211
Tel. +1 347 422 0939
www.extrafancybklyn.com
▸ **frittierte Muschel- und Maispuffer**

19 **DI FARA PIZZA**
1424 Ave. J (zwischen E 14th St. und E 15th St.) - NY 11230
Tel. +1 718 258 1367
www.difarany.com
▸ **Calzone**

20 **TACI'S BEYTI**
1953-55 Coney Island Ave. (zwischen Avenue P und Kings Highway) - NY 11223
Tel. +1 718 627 5750
www.tacisbeyti.com
▸ **Kiymali Pide**

21 **BROOKLYN GRANGE**
37-18 Northern Boulevard (zwischen 38 und Steinway St.) - NY 11205
Tel. +1 347 670 3660
www.brooklyngrangefarm.com
▸ **frisches Gemüse vom Dachgarten**

22 **PIES 'N' THIGHS**
166 S Forth St. (@ Driggs Ave.) - NY 11211
Tel. +1 347 529 6090
www.piesnthighs.com
▸ **geräuchertes Schweinehaschee mit Eiern**

23 **NITEHAWK CINEMA**
136 Metropolitan Ave. (zwischen Berry St. und Whyte Ave.) - NY 11249
Tel. +1 718 384 3980
www.nitehawkcinema.com
▸ **Krabbenpuffer mit Avocado-Mayo**

24 **MORGAN'S BARBECUE**
267 Flatbush Ave. (@ St. Marks und Flatbush) - NY 11217
Tel. +1 718 622 2224
www.morgansbrooklynbarbecue.com
▸ **langsam geräucherte Rinderbrust (16 Stunden)**

25 **CAFE TIBET**
1510 Cortelyou Rd., Flatbush - NY 11226
Tel. +1 718 941 2725
▸ **Beef Momos (tibetische Teigtaschen mit Rindfleischfüllung)**

Joey RAMONE
S+P

Crash

BRONX

City Island
Green Flats
Big Tom
Deep Reef
City Island Road
City Island Avenue
Quarry Ballfields
Garden of Happiness
Vidalia Park
Crotona Park East
Bronx River
Bathgate Avenue
3rd Avenue
E 184th Street
E 186th Street
Crescent Avenue
Belmont Avenue
Crotona Avenue
Adams Place
Hughes Avenue
Arthur Avenue
Quarry Road
Oak Tree Place
E 181th Street
E 183rd Street
Grote Street
Garden Street
Clinton Avenue
Prospect Avenue
E 180th Street
Oakland Place
E 179th Street
E 178th Street
E. Tremont Avenue
Clinton Ave
Prospect Ave
Mapes Avenue
Elsmere Place
Marmion Avenue
Southern Boulevard
Crotona Parkway
Mohegan Avenue
Honeywell Avenue
Daly Avenue
Bronx Park S
Boston Road
Cross Bronx Expy
Fairmount Place
E 176th Street
E 175th Street
Crotona Park N
Vyse Avenue
West Farms Sq - E Tremont Av
M
0
250 m
N
1
2
3

GUT ESSEN – WEITERE ADRESSEN

1 **EL NUEVO BOHIO LECHONERA**
791 E Tremont Ave. – NY 10460
Tel. +1 718 294 3905
www.elnuevobohiorestaurant.com
▸ **Schweinebraten**

2 **ROBERTO'S**
603 Crescent Ave. (@ Hughes Ave.) – NY 10458
Tel. +1 718 733 9503
▸ **Pasta e fagioli (Nudeln mit Bohnen)**

3 **JOHNNY'S FAMOUS REEF RESTAURANT**
2 City Island Ave. (zwischen Belden St. und dem Meer) – NY 10464
Tel. +1 718 885 2086
www.johnnysreefrestaurant.com
▸ **gebackene Meeresfrüchte und gebackener Fisch**

indian accen

1

INDIAN ACCENT

123 W 56th St. (zwischen 6th und 7th Ave.) – NY 10019
Tel. +1 212 842-8070 – www.indianaccent.com
geöffnet: Mo–Sa 12:00–14:00 Uhr und 17:00–22:30 Uhr, So 17:00–22:30 Uhr

Die indische Küche ist eine der geheimnisvollsten der Welt. Die Vielfalt der Aromen in den tiefen, dampfenden Töpfen ist unübertroffen. Sie werden kaum ein Restaurant finden (außer einiger weniger in Indien, klar), das sich mit seinen Speisen in derart kulinarische Höhen schwingt.

Rippchen süßsauer, sonnengetrocknete Mango, Zwiebelsamen

Gewiss, in London gibt es das berühmte Vineet Bhatia, aber das hat jetzt eine ernst zu nehmende New Yorker Konkurrenz. Manish Mehrotra, Küchenchef im Indian Accent, hat es sich zu seiner Lebensaufgabe gemacht, traditionelle indische Gerichte neu zu interpretieren, dabei aber auch offen für internationale Techniken und Einflüsse zu sein. Hier im Indian Accent fließen moderne Ideen fast unmerklich in indische Gerichte ein, ohne deren Wesensgehalt zu berühren. Um dies zu erreichen, arbeitet Manish eng mit dem Hauptrestaurant in Neu-Delhi zusammen. Dieses kulinarische Mutterschiff eröffnete er 2009, als er in einem einfachen Hotel in Neu-Delhi beschäftigt war. Aufgrund seiner internationalen Erfahrungen in Restaurants in Asien und London verstand er es, die kritische Feinschmeckerszene Neu-Delhis neugierig zu machen. Diese schwärmte schon bald von der Qualität der Speisen und war glücklich, endlich ein Lokal zu haben, das sich vom Joch der traditionellen indischen Küche befreite. Insofern gilt Manish Mehrotra vielen auch als Revolutionär der indischen Küche.

Die Einflüsse aus den Küchen Chinas, Japans, Mexikos und des Katz's Deli, die man in Manishs Speisen schmeckt, schmälern aber keinesfalls das Geschmackserlebnis – sie verstärken es nur. Sein Pastrami-Kulcha (indisches Fladenbrot mit würzigem Rindfleisch) ist legendär und die süßsauren Rippchen sind himmlisch lecker. Manhattan wird davon genauso begeistert sein wie Neu-Delhi!

Ich jedenfalls bin heute schon der allergrößte Fan dieser Küche und immer wieder auf neue Geschmackserlebnisse gespannt. Am liebsten hätte ich diese Speisen jeden Tag auf meinem Teller.

UPTOWN WEST

Hudson River
Henry Hudson Parkway
Riverside Drive
Riverside Park
Joe DiMaggio Highway
W 79th Street
W 81st Street
81 ST - MUSEUM OF NATURAL HISTORY M
Theodore Roosevelt Park
West Drive
Broadway
W 75th Street
Columbus Avenue
W 72nd Street
W 73rd Street
72 ST M
Central Park West
W 70th Street
Westend Avenue
Amsterdam Avenue
W 66th Street
W 65th Street
66 ST - LINCOLN CENTER M
Terrace Drive
Central Park
East Drive
65th Street Transverse
W 60th Street
W 57th Street
W 59th Street
W 58th Street
59 ST - COLOMBUS CIRCLE M
De Witt Clinton Park
12th Avenue
11th Avenue
10th Avenue
9th Avenue
8th Avenue
7th Avenue
W 54th Street
W 53rd Street
W 56th Street
W 55th Street
W 52nd Street
W 51st Street
W 50th Street
W 49th Street
W 48th Street
W 47th Street
W 46th Street
W 45th Street
W 44th Street
W 43th Street
W 42th Street
W 41th Street
W 40th Street
W 39th Street
W 38th Street
W 37th Street
W 34th Street
E 61th Street
E 59th Street
E 57th Street
E 55th Street
E 45th Street
E 42th Street
5th Avenue
Madison Avenue
Park Avenue
Lexington Avenue
3rd Avenue
2nd Avenue
Avenue of the Americas
57 ST - 7 AV M
7 AV M
M 50 ST
50 ST M
59 ST M
MoMA
M 49 ST
5 AV- 53 ST M
47ST - 50ST M
Times Square
42 ST - PORT AUTHORITY M
LEXINGTON AVENUE - 53 ST M
51 ST M
M 42 ST - TIMES SQ
42 ST - TIMES SQ M
42 ST - BRYANT PARK M
M 5 AV
Bryant Park
Grand Central Terminal
Chrysler Building
34 ST - PENN STATION M
GRAND CENTRAL - 42 ST M
Penn Station
0
500 m
N
1
2
3
4

GUT ESSEN – WEITERE ADRESSEN

2 **ASIATE (MANDARIN ORIENTAL HOTEL)**
80 Columbus Circle (@ 60th St., 35. Stock) – NY 10023
Tel. +1 212 805 8881
www.mandarinoriental.com/newyork/fine-dining/asiate
▸ **Babymöhren mit Orangenblüten**

3 **PER SE**
Time Warner Center, 10 Columbus Circle
(@ 60th St., 4 Stock) – NY 10023
Tel. +1 212 823 9335
www.thomaskeller.com/persney
▸ **Degustationsmenü mit neun Gängen**

4 **JEAN-GEORGES**
Trump Hotel Central Park
1 Central Park West (zwischen 60th St. und 61th St.) – NY 10023
Tel. +1 212 299 3900
www.jean-georges.com
▸ **Menü »Jean-Georges«**

APT. FOR RENT
MISRAHI
REALTY
(212) 475 • 6660
RGARITA
THE RISING STATES

Retail Space for Lease
Newmark Grubb Knight Frank Retail
Jason Pruger 212.372.2092
Lucas Kooyman 212.372.2384
164
164

1

RÔTISSERIE GEORGETTE

14 E 60th St. (zwischen Madison Ave. und 5th Ave.) – NY 10022
Tel. +1 212 390-8060 – www.rotisserieg.com
geöffnet: Mo 12:00–14:30 Uhr und 17:45–22:00 Uhr, Di–Fr 12:00–14:30 Uhr und 17:45–23:00 Uhr,
Sa 16:45–23:00 Uhr, So 12:00–15:00 Uhr und 17:00–21:15 Uhr

Als Georgette Farkas ihre edle Rotisserie gründete, schenkte sie ihr ganzes Vertrauen den beiden Spitzenköchen Stephanie Abrams und Francisco Blanco.

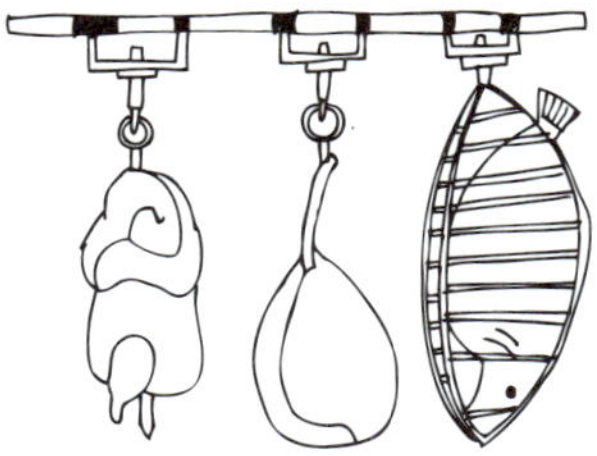

Poulet de luxe

Stephanie hat belgische Wurzeln, Francisco ist Mexikaner. Ihre Chefin Georgette machte den ersten Schritt in die kulinarische Welt bereits mit 15 Jahren. Nachdem sie das Hotelmanagement-Studium in der Schweiz abgeschlossen hatte, ging sie nach Monte Carlo, um bei Alain Ducasse und später bei Daniel Boulud zu arbeiten. 17 Jahre später war sie so weit, ihr eigenes Restaurant zu eröffnen.

Die Idee war einfach, wenngleich nicht einfach umzusetzen. Kernstück des Restaurants ist die teilweise offene Küche, wo man Stephanie und Francisco zuschauen kann, wie sie die Köstlichkeiten am Spieß professionell zubereiten.

Ob Spanferkel, Lammfleisch oder auch Lammhaxe, Kaninchen, Ente oder natürlich das sensationelle Poulet de luxe – wie viele ambitionierte Profiköche garen auch Stephanie und Francisco Tiere und Geflügel am liebsten im Ganzen und haben den »Dreh« offenbar perfekt raus; ein Gericht sieht leckerer aus als das andere. Serviert wird ehrliches Essen, unprätentiös und ohne Schnörkeleien, angereichert mit einer echten Leidenschaft für die ganz große Kochkunst.

Köche zu erleben, die alles geben, um ihre Gäste mit authentischen Aromen zu verwöhnen, ohne ihnen mit ausgefeilten Hightechmethoden etwas vorzugaukeln, ist eine wahre Freude. Mich persönlich jedenfalls macht ein perfekt gegrillter Hähnchenschenkel sehr viel glücklicher als ein winziges Stückchen Huhn auf einem Designer-Teller, dekorativ umringt von 15 verschiedenen Minibeilagen. »Back to basics« heißt das gelebte Motto in der Rotisserie Georgette!

Das kulinarische Paradestück ist das Poulet de luxe, ein reinrassiges Huhn aus Freilandhaltung, mit einer köstlichen Füllung aus Pilzen, einer wunderbar knusprigen Haut, vollendet serviert in feinstem Bratensaft mit Waldpilzen und gebackener Foie gras. Eine geradezu dekadente Delikatesse!

»Ein Restaurant mit einem wohltuenden Mangel an Kreativität« – hat irgendwer einmal kurz und knapp gesagt. Ich kann mich nur anschließen, denn es trifft den Nagel auf den Kopf!

UPTOWN EAST

Jacqueline Kennedy Onassis Reservoir
Jefferson Park
East River
Central Park
Guggenheim Museum
MoMA
E 116TH STREET
E 115TH STREET
E 114TH STREET
E 112TH STREET
E 111TH STREET
E 106TH STREET
TITO PUENTE WAY
PLEASANT AVENUE
FDR DRIVE
3RD AVENUE
2ND AVENUE
1ST AVENUE
WEST DRIVE
EAST DRIVE
85TH STREET TRANSVERSE
65TH STREET TRANSVERSE
TERRACE DRIVE
E 98TH STREET
E 97TH STREET
E 96TH STREET
96 ST
E 92ND STREET
E 90TH STREET
E 88TH STREET
86 ST
E 86TH STREET
E 83RD STREET
E 80TH STREET
E 79TH STREET
77 ST
E 77TH STREET
E 75TH STREET
E 73RD STREET
E 72ND STREET
E 71ST STREET
E 69TH STREET
68 ST - HUNTER COLLEGE
E 66TH STREET
E 65TH STREET
LEXINGTON AV- 63 ST
E 63RD STREET
E 62ND STREET
E 61ST STREET
E 60TH STREET
LEXINGTON AV- 59 ST
59 ST
E 59TH STREET
E 57TH STREET
E 56TH STREET
E 55TH STREET
E 51ST STREET
LEXINGTON AVENUE - 53 ST
51 ST
5 AV - 59 ST
5 AV- 53 ST
57 ST - 7 AV
W 59TH STREET
W 58TH STREET
W 57TH STREET
W 56TH STREET
W 52ND STREET
W 48TH STREET
W 75TH STREET
W 73RD STREET
W 72ND STREET
W 70TH STREET
72 ST
COLUMBUS AVENUE
CENTRAL PARK WEST
AVENUE OF THE AMERICAS
5TH AVENUE
MADISON AVENUE
PARK AVENUE
LEXINGTON AVENUE
3RD AVENUE
2ND AVENUE
1ST AVENUE
YORK AVENUE
SUTTON PLACE
ED KOCH QUEENSBORO BRIDGE
ROOSEVELT ISLAND
MAIN STREET
FDR DRIVE
1
2
3
4
5
6
0
500 m
N

GUT ESSEN – WEITERE ADRESSEN

2 **FLOCK DINNER**
1504 Lexington Ave. - NY 10029
▸ **ausgefallene Erlebnis-Gastronomie mit Corey Cova**

3 **SUSHI SEKI**
1143 First Ave. (zwischen E 62nd St. und E 63rd St.) - NY 10065
Tel. +1 212 371 0238
www.sushiseki.com
▸ **Maki mit frittierten Austern**

4 **SHUN LEE PALACE**
155 E 55th St. (zwischen Lexington Ave. und 3rd Ave.) - NY 10022
Tel. +1 212 371 8844
www.shunleerestaurants.com
▸ **Pekingente**

5 **THE JEFFREY**
311 E 60th St. (zwischen 1st Ave. und 2nd Ave.,
Straßenbahnhaltestelle: Roosevelt Island) - NY 10022
Tel. +1 212 355 2337
www.thejeffreynyc.com
▸ **Rote-Bete-Ei gefüllt mit hausgemachter Senfpaste, Schnittlauch- und Dill-Sriracha-Sauce**

6 **RAO'S**
455 E 114th St. (@ Pleasant Ave.) - NY 10029
Tel. +1 212 722 6709
www.raosrestaurants.com
▸ **Mozzarella in carrozza (gebratenes paniertes Brot mit Mozzarella)**

1

NOMAD @THE NOMAD HOTEL

1170 Broadway and 28th St. – NY 10001
Tel. +1 212 796-1500 – www.thenomadhotel.com/dining
geöffnet: Mo–So 12:00–14:00 Uhr, Mo–Do 17:30–22:30 Uhr, Fr–Sa 17:30–23:00 Uhr, So 17:30–22:00 Uhr

Der Madison Square Park war von jeher ein öffentlicher Park, seit 1686. NoMad (**No**rth of **Mad**ison Square Park) ist ein kleines Viertel zwischen Chelsea, Murray Hill (oder »Curry Hill«, wie man gerne sagt, wegen der zahlreichen, gut gehenden indischen Restaurants, die sich hier befinden), Rose Hill und Flatiron District.

Fantastisches Brathähnchen

Brathähnchen im Ganzen serviert für zwei Personen, Foie gras, Schwarztrüffel-Brioche, weißer Spargel, pochiertes Ei

In der Nähe des Flatiron Buildings, wo sich Fifth Avenue und Broadway kreuzen, liegt versteckt hinter einer eleganten Beaux-Arts-Fassade das wunderschöne NoMad Hotel, das unlängst unter Leitung des französischen Designers Jacques Garcia restauriert wurde und seither im alten Glanz erstrahlt. Es versprüht echten New Yorker Charme, nimmt gleichwohl aber auch einen spielerischen Bezug auf die europäischen Grandhotels und kann, wenn Sie mich fragen, mit feinster Pariser Architektur locker mithalten.

Eigentliches Prunkstück aber ist das traumhaft schöne NoMad Restaurant, das erstaunliche Werk zweier superkreativer Menschen namens Daniel Humm und Will Guidara. Sie suchten nach einer unverwechselbaren Identität für das Restaurant und kreierten ein Konzept, das sich rund um die Rolling Stones drehte, genauer gesagt um Schlüsselbegriffe, die man mit ihnen verbindet: loose (frei), alive (lebendig), genuine (authentisch), deliberate (bewusst); diese Attribute stehen auf der Küchenwand gleich neben einem riesigen Foto von Mick Jagger – quasi als Maxime für das Restaurant.

Im gleichen Viertel betreiben die beiden auch das Eleven Madison Park, ein vom Guide Michelin mit drei Sternen ausgezeichnetes Kleinod und lange Zeit das strahlende Vorbild für die Restaurants der Stadt. Doch anstatt sich auf ihren Lorbeeren auszuruhen und eine einfache Brasserie in diesem schönen Hotel zu eröffnen, entschieden sich die beiden für einen doch eher experimentierfreudigen Ansatz: Sie hielten an Gerichten aus der Küche im Eleven Madison Park fest, gaben ihnen aber einen etwas moderneren und lockereren Charakter. Während die Speisen im Eleven Madison sorgfältigst durchdacht und zubereitet sind, tragen Gerichte im NoMad eine ganz andere Handschrift, sind vielmehr das kulinarische Pendant zum Foto der alten Musikerlegende an der Wand – mit lebendig freier und dennoch feiner Hand kreiert …

Aber lassen Sie sich nicht in die Irre führen; das Essen hier ist unglaublich, und vor allem ein Gericht hat es zu stadtweitem Ruhm gebracht: das Brathähnchen für zwei Personen, das Sie am besten mit einem lieben Menschen genießen. Diese majestätische Speise ist gefüllt mit einer Pâté aus höchst edel-dekadenten Zutaten: Plunderteig, Trüffel, Foie gras. Serviert wird sie im Ganzen mit einem duftenden Kräuterstrauß – ein kulinarisches Aphrodisiakum allererster Güte. Es sieht fantastisch aus und schmeckt sogar noch besser. Indem der Plunderteig unter die Haut geschoben wird, wird Letztere besonders knusprig und das Fleisch wunderbar zart und saftig. Das Meisterwerk wird von Küchenchef Abram Bissell in zwei Gängen zubereitet und so unprätentiös wie möglich mit ein klein wenig Kartoffelpüree und manchmal weißem Spargel serviert. Morchel-Frikassee und erfrischende Desserts danach runden das Ganze zu einer kompletten Mahlzeit ab – Genussmenschen sind hellauf begeistert.

Rachel Kerswell, eine junge talentierte Sommelière aus Quebec, hat eine beeindruckende Weinkarte zusammengestellt, die, wie mir auffiel, eine erlesene Auswahl bester Weine aus den Anbaugebieten im Bundesstaat New York enthält. Das NoMad ist ein kulinarischer Hotspot, an den man sich leicht gewöhnen könnte.

Eisenberg's Sandwich
Continuing Fine Quality Since 1929
74
212.675.5096
OPEN
EISENBERG'S
WANTED:
Inquire Within!

Eisenberg's Sandwich Shop
Eisenberg's Sandwich Shop

2

EISENBERG'S

174 5th Ave. (zwischen 22nd St. und 23rd St.) – NY 10010
Tel. +1 212 675-5096 – www.eisenbergsnyc.com
geöffnet: Mo–Fr 06:30–20:00 Uhr, Sa 09:00–18:00 Uhr, So 09:00–17:00 Uhr

Die Fifth Avenue gehört zu den kreativsten und aufregendsten Lebensadern der Stadt. Dort, wo sie den Broadway kreuzt, im Schatten des monumentalen Flatiron Building, findet sich ein authentischer Diner und Sandwichladen, der aussieht, als sei er schon immer da gewesen.

Eisenberg's
Sandwich Shop
Raising New York's Cholesterol Since 1929
HEINZ
57
VARIETIES
HEINZ
TOMATO
KETCHUP

Matzeknödel-Suppe

Matzeknödel werden eingeteilt in >>schwimmende<< und >>sinkende<< Exemplare

»Seit 1929 heben wir den LDL-Cholesterinspiegel New Yorks« hat sich das Lokal auf die Fahnen geschrieben und scheint sich absolut daran zu halten. Inmitten all des Schaugepränges der Fifth Avenue und der angrenzenden Viertel behauptet sich dieses authentische Juwel seit 1929. Und das ist nicht zuletzt den vielen Fans und Einheimischen zu verdanken, die regelmäßig hierherkommen, um die zahlreichen Spezialitäten zu genießen: mit Käse überbackener Thunfischtoast, Reuben- und Pastrami-Sandwiches und natürlich die legendäre Matzeknödel-Suppe. Abgesehen davon, dass bei aschkenasischen Juden ungesäuertes Brot traditionell zum Gedenken an die Befreiung des jüdischen Volkes aus Ägypten gegessen wird, in diesem speziellen Falle als Suppeneinlage in Form von zwei Matzeknödeln in herzhafter Hühnerbrühe, sind die schmackhaften Klöße heute eine beliebte Hausmannskost, insbesondere in traditionellen Esslokalen wie dem Eisenberg's.

Laut den jüdischen Speisegesetzen, die auf der Thora basieren, können Matzeknödel aus Dinkel-, Roggen-, Weizen-, Hafer- oder Gerstenmehl zubereitet und mit Kräutern, Petersilie, Eigelb und mit geschlagenem Eiweiß verfeinert werden (das macht sie lockerer und leichter). Begnadete Klößemacher zaubern so Matzeknödel von feinster Konsistenz, die einen leichten Auftrieb haben. (An und für sich unterscheidet man bei Matzeknödeln zwischen zwei Arten: Es gibt »schwimmende« und »sinkende«.)

Darüber hinaus wacht man hier mit Argusaugen über die geniale Erfindung von Louis Auster namens New Yorker Egg Cream, die akribisch genau streng nach altem Rezept zubereitet wird. Auster war Inhaber eines Süßwarenladens in Brooklyn und kreierte eine Art Vorläufer des Milchshakes. Die Etymologie ist im Zuge der Übersetzung wohl verloren gegangen, denn egg leitet sich sehr wahrscheinlich vom jiddischen Wort echt ab. Sicher ist, dass das Mixgetränk schnell großen Anklang fand und von Nathan Herman und Jack Witt, beide aus dem Brooklyner Stadtteil Crown Heights, perfektioniert wurde. Die traditionelle Egg Cream der beiden war ein Mix aus Schokoladensirup (Fox's U-bet wird heute noch vertrieben), Milch und Selterswasser; das »Ei« ist optional, verleiht dem Klassiker aber einen extra Pfiff. Das Eisenberg's ist einer der letzten Orte, wo man diesen Sprudel-Milch-Mix bekommt, da sich das Rezept zur Flaschenabfüllung nicht eignet.

In diesem urgemütlichen Sandwichladen, der traditionsreiches kulinarisches Kulturgut hochhält, kommen Sie garantiert mit einem der vielen Einheimischen, die hier ein Reuben- oder Pastrami-Sandwich schmausen, ins Gespräch. Supercoole Typen mit Bärten und tätowierten Unterarmen oder Knoten im Haar werden Sie hier kaum finden, Echtheit und unverfälschten Geschmack aber allemal. Aida, Eisenberg's überaus charmante Wirtin, wird Ihnen gerne dabei helfen, sich auf Ihrer Reise durch diese einzigartigen Geschmackswelten zurechtzufinden.

MADISON
PARK
11

3

ELEVEN MADISON PARK

11 Madison Ave. – NY 10010
Tel. +1 212 889-0905 – www.elevenmadisonpark.com
geöffnet: Mo–Do 17:30–22:00 Uhr, Fr–Sa 12:00–13:00 Uhr und 17:30–22:30 Uhr

Prächtige Gebäude im charakteristischen Art-déco-Stil säumen den kleinen, aber außerordentlich schönen Madison Park. Glanzstück ist natürlich das Fuller Building oder Flatiron Building, wie es heute heißt – das »Bügeleisengebäude«.

Verkostungsmenü

Daniel Humms Kreationen überraschen und begeistern immer wieder …

Hinter der wunderschönen Fassade des ehemaligen Metropolitan Life Building (heute Sitz der Credit Suisse) versteckt sich das vielleicht meistgepriesene Restaurant von NYC: das Eleven Madison Park. 2006 machte der Inhaber Danny Meyer einen wichtigen Schritt, indem er für sein ambitioniertes Vorhaben den Spitzenkoch Daniel Humm mit ins Boot holte. Schnell war klar, dass sie eine wunderbare Synergie geschaffen hatten und bald die Könige der Stadt sein würden. Als das Restaurant 1998 eröffnete, gab es zwar eine wohldurchdachte Weinkarte mit erlesenen Sorten und auch der wunderschöne Raum erfüllte alle Voraussetzungen, um daraus ein Restaurant der Spitzenklasse zu machen. Was die Speisen anbelangte, war aber noch Luft nach oben.

Daniel Humm, gebürtiger Schweizer, wurde bereits im Alter von 24 Jahren während seiner Zeit im Gasthaus zum Gupf in den Schweizer Alpen mit einem Michelin-Stern ausgezeichnet. Er hatte großen Eindruck auf Danny Meyer gemacht, der damals, als sie sich im Campton Place in San Francisco kennenlernten, auch Inhaber der Gramercy Tavern und des Union Square Cafe war. Humm und Meyer, das Dream-Team, stellten Will Guidara als Geschäftsführer und John Ragan als Leiter für den Wein-Bereich an. 2011, nachdem Daniel Humm und Will Guidara Danny Meyer das Eleven Madison Park abgekauft hatten, trafen sie letzte Umgestaltungsmaßnahmen, um aus dem Restaurant das zu machen, was es heute ist. Im Vordergrund steht nun nicht mehr das klassische À-la-carte-Essen, sondern ein kreatives Verkostungsmenü mit allerlei Überraschungen, das in einem kulinarischen Spiel ohne Grenzen sämtliche Geschmacksknospen zum Blühen bringt.

Daniel Humms Kreationen überraschen und begeistern immer wieder. Sein Möhren-Tatar ist sagenhaft und von großem Unterhaltungswert: Direkt am Tisch, vor den Augen der Gäste, werden zwei gegarte Möhren durch einen Fleischwolf gedreht, danach mit den von Ihnen ausgewählten Würzzutaten angerichtet und mit einem eingelegten Wachteleigelb versehen. Humms Kreationen sind individuell und wenig garniert; wie ein Tarnkappenbomber sorgen seine Speisen für eine wahre Geschmacksexplosion am Gaumen – ein einzigartiges Erlebnis! Und auch das Dessert ist magisch, im wahrsten Sinne des Wortes …

SEAFOOD MARKET
Lobster Place
ESTABLISHED 1974
SUNDAY 10:00AM – 8:00PM

Porgies
Spanish Mackerel
North Carolina
$7.25

DARJEELING

CHELSEA
WINE
FREE

4

CHELSEA MARKET

75 9th Ave. (zwischen 15th St. und 16th St.) – NY 10011
Tel. +1 212 652-2121 – www.chelseamarket.com
geöffnet: Mo–Sa 07:00–21:00 Uhr, So 08:00–20:00 Uhr

Bei einem Bummel durch das Oreo-Gebäude, das heute den Chelsea Market beherbergt, fühlt man sich rasch als waschechter New Yorker.

Lokale Anbieter

Das Oreo-Gebäude ist eng verbunden mit der bekannten gleichnamigen Keksmarke; seit 1890 wurden in dieser kleinen Fabrik alle möglichen Kekssorten hergestellt. Später dann, ab dem Jahr 1990, nutzte man den Gebäudeblock für anderweitige Zwecke und richtete in den oberen Stockwerken Büros ein. Das eigentlich Interessante an diesem Gebäude aber ist die Markthalle mit ihrem bunten Mix aus Lebensmittelgeschäftchen, kleinen Restaurants und Bäckereien. Das heimelige Ambiente lädt ein zum gemütlichen Schlendern, Plaudern und Genießen. Es findet sich eine reiche Auswahl vorzüglicher Speisen. Übrigens hat der Ort in puncto Produktion und Distribution von Lebensmitteln eine lange Tradition, die bis zu den Algonquin-Indianern zurückreicht, die hier in Manhattan Handel mit tierischen und pflanzlichen Produkten betrieben. Über die High Line, eine mittlerweile stillgelegte Eisenbahntrasse im Westen von Manhattan, wickelten später dann örtliche Fleischereibetriebe ihren Güterverkehr ab (immerhin befinden wir uns mitten im Meatpacking District). Heute zieht die Markthalle mit derzeit ungefähr 35 Läden alljährlich etwa sechs Millionen Besucher an.

Die Vielfalt an Angeboten ist enorm und macht diesen Markt für mich persönlich zu einem fantastischen Ort, ob zum Frühstück, Brunch oder Lunch. Lassen Sie sich verführen von hausgemachten Donuts, perfekt pochierten Hummern, kalten Platten mit hausgemachten Wurstsorten, Eisspezialitäten oder einem Espresso – ein wahrlich einzigartiger Ort zum Abschalten, Ausspannen und Genießen.

ICKSON'S
FARMSTAND
MEATS

HotDogs
HOUSE-MADE CHARCUTERIE
From the Whole Hog

PORK
BEEF
Pasture Raised
NO HORMONES
No Antibiotics
Small Farms
New York State

5

DICKSON'S FARMSTAND

75 9th Ave. (im Chelsea Market, zwischen 15th St. und 16th St.) – NY 10011
Tel. +1 212 242-2630 – www.dicksonsfarmstand.com
geöffnet: Mo–Sa 10:00–20:30 Uhr, So 10:00–20:00 Uhr

Wann immer ich durch den Chelsea Market gehe, werde ich förmlich hineingezogen in diese hervorragende Metzgerei.

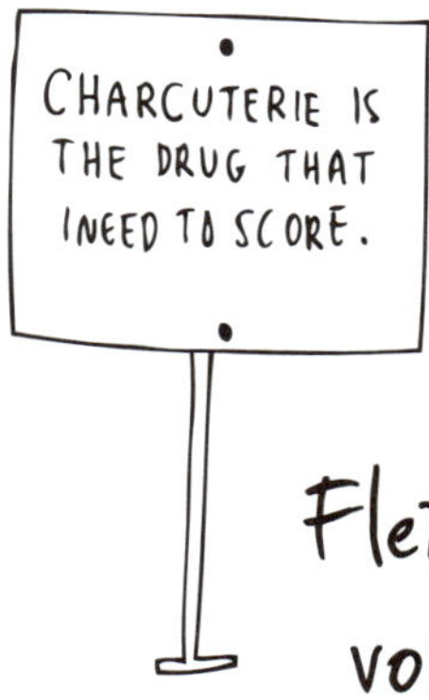

Fleischerkunst vom Feinsten

... eine Charcuterie, die süchtig macht

Ted Rosen ist ein Metzger, dessen Augen strahlen, wenn er von seinen exklusiven Delikatessen erzählt, umso mehr, wenn er spürt, dass der Funke überspringt.

Eine exquisite Charcuterie in New York zu finden, ist gar nicht so einfach. Und wer wie ich nicht allzu lange Zeit auf Fleisch verzichten kann, ohne Entzugserscheinungen zu bekommen, ist froh, dass es das Dickson's gibt – die Charcuterie, die süchtig macht. Es ist keine gewöhnliche Metzgerei, wie man schnell bemerkt, wenn man sich hier umsieht: Die Schlachtkörper liegen am Stück aus und werden von Profi-Metzgern direkt im Laden vor den Augen der Kunden mit flinken Fingern zerlegt. Die edelsten Stücke liegen auf der Theke aus, die weniger edlen Stücke (für gewöhnlich die schmackhaftesten) werden in der Fleischerwerkstatt zu Pastete, Schinken, Coppa, Speck, Pastrami, Chorizo, Würstchen, Rillette (Schmalzfleisch) und Blutwurst weiterverarbeitet.

Sämtliches Fleisch kommt von nachhaltig bewirtschafteten, kleinen Bauernhöfen, die heimische Arten züchten und auch keine Antibiotika oder Hormone zum Einsatz bringen. Ein Traum auf vier Beinen! Wer Lust auf einen kleinen Snack für zwischendurch hat, kann sich hier ein leckeres Brötchen belegen lassen, man kann sich aber auch mit allerlei Delikatessen für zu Hause eindecken, zum Beispiel mit fantastischen Aufschnitten vom Schwein, Rind, Lamm oder Geflügel. Beste Adresse!

morimoto

morimoto

MORIMOTO

88 10th Ave. (zwischen 15th St. und 16th St.) – NY 10011
Tel. +1 212 989-8883 – www.morimotonyc.com
geöffnet: Mo–Fr 12:00–14:30 Uhr, Mo 17:30–22:00 Uhr, Di–Do 17:30–23:00 Uhr, Fr–Sa 17:30–00:00 Uhr, So 17:30–22:00 Uhr

Masaharu Morimoto, einer der Stars der amerikanischen Fernsehshow Iron Chef, stammt aus Hiroshima, wo er früher sein eigenes Restaurant betrieb. 1985 verkaufte er es, da er sich der Fusionsküche widmen wollte.

... nur die feinsten Fettbauchteile des Thunfischs werden verwendet

Otoro-Tatar mit Kaviar

Nach einem kurzen Gastspiel als Küchenchef im Nobu startete Masaharu Morimoto seine eigenen Restaurants, zunächst in Philadelphia, später dann hier in Chelsea.

Das Design dieses monumentalen Restaurants ist überwältigend und wunderschön, ein gelungenes Zusammenspiel von viel Raum und Licht. Die spektakulärste Attraktion dieser japanischen Oase aber ist eindeutig ihre erstklassige Küche. An der Spitze des Teams steht der junge und überaus begnadete Chefkoch Erik Battes, der die Philosophie des Hauses in sämtliche Speisen, die hier zubereitet werden, einkomponiert. Ich staune immer wieder, wie das Team es schafft, eine solche Fülle komplexer japanischer Köstlichkeiten für eine so große Zahl begeisterter Gäste zu kreieren. Jeder Teller hier ist ein Kunstwerk für sich, mit einer ungeheuren Präzision angerichtet und garniert.

Mit viel handwerklichem Fleiß und größter Sorgfalt entwickelt Erik Battes den individuellen Stil seiner Küche stetig weiter. Die Gerichte sind nach wie vor stark an der japanischen Küche orientiert, nehmen aber auch feine Akzente aus anderen kulinarischen Welten auf. Traditionelle japanische Gerichte werden neu interpretiert und neu entworfen. Und so steckt am Ende in jedem Gericht viel Feinsinn und viel Herz eines begnadeten Kochs, der genau weiß, was er will.

Zu den vielen Dingen, die man im Leben getan haben sollte, bevor es vorbei ist, gehört Folgendes unbedingt dazu: Genießen Sie das vorzügliche Otoro-Tatar, wofür Battes ausschließlich feinste Fettbauchteile des Blauflossen-Thunfischs verwendet – ein Gedicht! Heute gilt Otoro, was wörtlich »schmelzen« bedeutet, als Premiumdelikatesse (die auf der Zunge zerfließt), neuerdings sogar auch in Japan. Vor dem Zweiten Weltkrieg, als Fett in Japan tabu war, bekam man auf dem Tsukiji-Fischmarkt immer ein paar Stücke davon als Katzenfutter. Erik Battes bereitet sein Otoro-Tatar nach streng traditioneller Art zu, serviert es aber mit einer Reihe verschiedener Gewürze und Soßen, sodass der Gast experimentieren und selbst entscheiden kann, was er zu dem zarten Thunfischfleisch am liebsten kombinieren möchte.

KANBUDDAKANBUDDAKANBUDDAK
DAKANBUDDAKANB
UDDAKANBUDDAKANBUDDAKANBUDDAKAN
BUDDAKAN
DAKANBUDDAKANBUDDAKANBUD
KANBUDDAKANBUDDAKANB
UDDAKANBUDDAKANBU
BUDDAKANBUDDAKANBUDDAKAN
DAKANBUDDAKAN
NBUDDAKANBU

7

BUDDAKAN

75 9th Ave. (@16th St.) – NY 10011
Tel. +1 212 989-6612 – www.buddakannyc.com
geöffnet: Mo–Di 17:30–23:00 Uhr, Mi–Do 17:30–00:00 Uhr, Fr–Sa 17:00–01:00 Uhr, So 17:00–23:00 Uhr

Als ich hier zum ersten Mal durch die Tür ging, hatte ich nicht den Eindruck, ein Restaurant zu betreten, es kam mir vielmehr so vor, als wäre ich zu Gast in einem halb leeren Domizil eines exzentrischen kantonesischen Milliardärs, der für Spectre arbeitet.

Knusprige weiche Schalenkrabbe, Jicama, Wassermelone, Nuoc Mam

Im Buddakan geht es durch den zentralen Speiseraum, der mit Chinoiserie-Tapeten prachtvoll ausgestaltet ist, auf eine Treppe zu, die hinunter in eine weite Souterrainhalle führt und den Eindruck erweckt, als ginge es mitten hinein ins Allerheiligste.

Dass dies kein gewöhnlicher Ort ist, macht sich von der ersten Sekunde an bemerkbar, denn kaum durch die Tür, findet man sich zwischen New Yorks schönsten Menschen wieder, deren Gesichter im Schein ihrer Handys matt leuchten, während sie die voraussichtliche Ankunftszeit ihrer Begleitung erfragen. Meine Verabredung, der legendäre Kultwinzer Egon Müller aus Deutschland, der einem der bekanntesten Weingüter an der Saar entstammt und durch Zufall auch in der Stadt ist, ist offenbar schon da. Der französische Designer Christian Liaigre, der als Chefdesigner u. a. für Spitzenkoch Jean-Georges Vongerichten das Market in Paris gestaltet hat, entwarf die Pläne für eine Art chinesischen Gourmettempel der Extraklasse.

Thema dieses mega-XL Nachtclubs/ Restaurants ist die moderne asiatische Küche. Sehr oft läuft dies auf eine desaströse Umsetzung hinaus, doch Chefkoch Michael Schulson belehrt uns eines Besseren. Schließlich liegt das Buddakan nahe Chinatown und so bleibt der Vergleich nicht aus. Und wenn das chinesische Essen so schmeckt wie aus einem typischen Lokal in Chinatown, so meine Erfahrung, sollte man sich glücklich schätzen.

Die Auswahl an kleinen Dim-Sum-Gerichten ist gut und die Speisen schmecken zumeist sehr authentisch. Meine Lieblingsspeise ist ein wunderbares Beispiel für die hiesige innovative asiatische Fusionsküche: knusprige weiche Schalenkrabben mit einem erfrischenden knackigen Salat aus Jicama und Wassermelone, in dem die Süße durch die genau richtige Menge an vietnamesischer Fischsoße (Nuoc Mam) ausgewogen ist. Jicama, auch Yambohne genannt, ist derzeit sehr im Kommen. Die Wurzelknolle, die die Form eines Kreisels hat, ist innen weiß, von süßlichem Geschmack und herrlich knackig. Die Karte wechselt häufig, die Bedienung verrät Ihnen aber gern die Klassiker.

8

ROUGE TOMATE CHELSEA

126 W. 18th St. (zwischen 6th Ave. und 7th Ave.) – NY 10011
Tel. +1 646 395-3978 – www.rougetomatechelsea.com
geöffnet: Di–Sa 17:30–22:00 Uhr

Ist das Rouge Tomate in der New Yorker Gastro-Szene ein kulinarischer Rebell oder Visionär? Fest steht, es ist einzigartig.

Pilz-Tatar mit knusprigen Fingerling-Kartoffeln, geröstetem Knoblauch und Brunnenkresse

Hauptzutaten in diesem Restaurant sind pflanzliche Produkte aller Art: Kräuter, Saaten, Blumen, Früchte, Gemüse, die zumeist, aber nicht unbedingt, mit Fleisch oder Fisch kombiniert werden. Das Konzept des Rouge Tomate setzt konsequent auf gesundes Essen und Nachhaltigkeit.

Das Restaurant scheint in vielerlei Weise nonkonformistisch, da es in der kulinarischen Kommunikation mit dem Gast eine gänzlich neue Sprache findet. Es verzichtet auf eine fettige, reichhaltige oder geschmacklich überladene Zubereitung der Speisen und verfolgt vielmehr einen gewissenhaften, ursprünglichen Ansatz, der eine große Sensibilität für die Natur erkennen lässt.

Chefkoch Andy Bennett wählt die pflanzenbasierten Zutaten für seine Gerichte mit größter Sorgfalt aus. Längst hat er jedermann überzeugt, dass Gourmetküche nicht zwangsläufig ungesund sein muss. Seit dem Umzug des Lokals von der Upper East Side nach Chelsea herrscht eine lockerere, entspanntere Atmosphäre, am strengen Motto aber hat sich nichts geändert: ausschließlich regionale Produkte und Bio-Weine verwenden und vor allen Dingen soziale Verantwortung leben! Demnach ist auch die Weinkarte des Lokals schlichtweg phänomenal und einzigartig. Die dafür verantwortliche Person ist Mitinhaberin und eine der angesehensten Sommelièren der Stadt, Pascaline Lepeltier. Die aus Frankreich stammende Master Sommelière und Weinliebhaberin (mit einer Schwäche für Chenin Blanc) ist eigentlich studierte Philosophin. Sie arbeitete zunächst als Universitätsdozentin, bis sie beschloss, ihrem Herzen zu folgen und sich gänzlich dem Wein zu verschreiben. 2011 pries das Fachblatt »Wine & Spirits« sie als eine der fünf besten Sommelièren der USA, und das Wochenmagazin »Time Out New York« sprach gar von einer »Weinprophetin«. Ihre Liste an Preisen und Auszeichnungen ist endlos lang. Allein die Auswahl der Weine lohnt einen Besuch im Rouge Tomate allemal. Schließlich wird man nicht alle Tage von einer der bedeutendsten Sommelièren des Landes bedient. Gesundes Essen inklusive. Was will man mehr?

Our kitchen
bigger than

9

CHEF'S TABLE AT BROOKLYN FARE

431 W 37th St. (beim Feinkostgeschäft Brooklyn Fare) – NY 10018
Tel. +1 718 243-0050 – www.brooklynfare.com

geöffnet: Di–Mi 18:00 Uhr und 18:30 Uhr (Theke), 19:00 Uhr und 19:30 Uhr (Tische),
Do–Sa 18:00 Uhr, 18:30 Uhr, 21:30 Uhr und 22:00 Uhr (Theke), 19:00 Uhr und 19:30 Uhr (Tische)

César Ramirez ist einer der ehrbarsten Chefköche, die ich kenne. Er wirkt bescheiden, hat keinerlei Starallüren und tritt nicht in Fernsehshows auf. Er bezeichnet sich selbst eher als Kunsthandwerker als als Koch und ich glaube, dass er insgeheim gern ein *shokunin* wäre – ein Kunsthandwerker, der sowohl die handwerklichen Fähigkeiten als auch eine tiefergehende Geisteshaltung und ein besonderes soziales Bewusstsein besitzt.

Verkostungsmenü mit 20 Gängen aufwärts

Der autodidaktische Koch hat mexikanische Wurzeln und ist in Chicago geboren und aufgewachsen. Sein bedeutendster Mentor war David Bouley und César kam nach New York, um in Davids Restaurant zu arbeiten.

Mit 19 heiratete er eine Französin und nutzte seine vielen Besuche in Frankreich, um alles über die klassische französische Küche und die kulinarischen Zubereitungsmethoden zu lernen. Das Chef's Table ist die Synthese seiner gastronomischen Ausbildung und seiner ausgedehnten Reisen nach Frankreich und nach Japan.

Laut César sollten Speisen für sich selbst sprechen, ohne Blabla. Seine Mantras sind geschmackliche Reinheit und meisterhafte Feinarbeit.

Der Umzug von Manhattan nach Boerum Hill in Brooklyn war ein schwieriger Schritt, doch in Moe Issa fand er den idealen Partner, um ein neues Restaurant auf die Beine zu stellen. Moe Issa wuchs in diesem Viertel auf und träumte nach einer erfolgreichen Karriere davon, hier in diesem damals noch unterschätzten Viertel einen erstklassigen Feinkostladen zu eröffnen. Brooklyn Fare ist eines der großartigsten Delikatessengeschäfte, die ich je erlebt habe, insbesondere wegen der hochwertigen Auswahl an Produkten aus aller Welt. Ein paar Türen weiter eröffnete Moe Issa zusammen mit César das Chef's Table und der Rest ist gastronomische Geschichte. Mittlerweile befindet sich das Restaurant in Manhattan – so schließt sich der Kreis.

Genau wie sein Küchenchef ist auch das Restaurant einzigartig. An der Bar gibt es nur 18 Plätze, mehr nicht. Das erinnert mich an noble Sushibars in Japan – kann wohl kein Zufall sein. Die spektakulärsten kulinarischen Highlights aber finden auf den Tellern statt. Bei Fisch und Meeresfrüchten läuft César Ramirez zur Hochform auf. Seinen Seeigel lässt er aus Japan einfliegen und der scheint direkt vor mir auf dem Teller zu landen, auf einer köstlichen Brioche und einer Scheibe schwarzem Trüffel. Seine Bouillabaisse gibt einen Einblick in das klassische Repertoire höchster französischer Kochkunst; und bei perfekt ausgebackenen Fugu-Schwänzen fühle ich mich regelrecht zurück nach Japan versetzt.

César Ramirez hat eine Vorliebe für erlesene Produkte, die von jeher mit der Haute Cuisine verbunden sind. Seine jährlichen Ausgaben für Kaviar müssen immens hoch sein. Wenn ich ihn bei der Arbeit sehe, erinnert er mich immer an einen edlen und weisen Priester aus dem Morgenland, aber wann immer ich seine Speisen koste, bin ich überzeugt, dass er einer der besten kulinarischen Kunsthandwerker unseres Planeten ist.

3
4
5

IVAN RAMEN
EL COLMADO
WINE
Ivan Ramen
slurp shop

The Art of the Slurp

IVAN RAMEN SLURP SHOP

600 11th Ave. (zwischen 44th St. und 45th St.) – NY 10036
Tel. +1 212 582-7942 – www.ivanramen.com/en/ivan-ramen-slurp-shop
geöffnet: So–Do 11:00–23:00 Uhr, Fr–Sa 11:00–00:00 Uhr

Ivan Ramen ist eine japanische Nudel-Bar im Viertel Setagaya in Tokio. Inhaber und treibende Kraft ist Koch Ivan Orkin, der ursprünglich aus Syosset im Bundesstaat New York kommt.

Tokioter Shio-Ramen-Suppe

... lässt sich wunderbar schlürfen und schlabbern!

Ivan Orkin lebte viele Jahre lang in Japan, wo ihn die reiche Vielfalt der japanischen Küche vollkommen verzaubert hat. Vor allem die raffinierten Verfeinerungen der delikaten Brühe, die als Basis für die »simple« und doch so köstliche Ramen-Suppe dient, haben es ihm angetan. Auch wenn er in Japan als *gaijin*, als Ausländer, angesehen wird, wagte er es, sich in die Höhle des Löwen zu begeben und eine eigene Ramen-Bar zu eröffnen. Anfangs waren die Japaner sehr skeptisch, doch recht schnell sprach es sich herum, dass dieser *gaijin* von Nudeln (und Brühe) wirklich Ahnung hatte. Nun möchte man meinen, eine geschmackvolle Bouillon und handgemachte Nudeln sind alles, was es zu einer guten Ramen-Suppe braucht. Doch ganz so einfach ist es nicht, was das seitenlange Ramen-Rezept in Ivans schönem Buch »Love, Obsession and Recipes« anschaulich belegt.

Die Ramen-Suppe erlebt derzeit überall eine große Renaissance, vor allem aber in NYC, wo gute Ramen-Bars wie Pilze aus dem Boden schießen. Ivan betreibt nun auch zwei Lokale in NYC, die den Gästen seine spezielle Variante der Tokioter Shio-Ramen-Suppe bieten. Das eindrucksvollere der beiden ist im Viertel Hell's Kitchen, genauer gesagt in dem neuen und spektakulären Food-Markt Gotham West Market, der einen Hauch von urbanem Industriedesign versprüht, was Sie aber nicht irritieren soll – die Speisen sind alles andere als vorgefertigte Industrieprodukte.

Die Tokioter Shio-Ramen-Suppe ist gekonnt zubereitet, basierend auf einer kräftigen, geschmacksintensiven Dashi-Hühnerbrühe mit japanischem Meersalz, handgemachten Roggennudeln und sehr delikaten Schweinefleischscheiben (*Chashu*) mit einer außerordentlich feinen Note und wunderbaren Tiefe. Die Nudeln sind perfekt gegart und schmecken nach ... mehr! Das zarte Schweinefleisch zergeht förmlich auf der Zunge und das wachsweiche Eigelb verleiht den letzten Schliff. Sensationell!

Seit noch nicht allzu langer Zeit erst gibt es in der Lower East Side an der Clinton Street 25 die zweite Ramen-Bar. Genussvolles Schlürfen ist hier sehr wohl gestattet, und ja, auch ausdrücklich erwünscht!

11

GABRIEL KREUTHER

41 W. 42nd St. (zwischen 5th Ave. und 6th Ave.) – NY 10036
Tel. +1 212 257-5826 – www.gknyc.com
geöffnet: Mo–Do 12:00–14:00 Uhr und 17:30–22:00 Uhr, Fr 12:00–14:00 Uhr und 17:30–22:30 Uhr, Sa 17:30–22:30 Uhr

Eine Top-Adresse in Midtown Manhattan mit Ausblick auf die unvermeidlichen Schachspieler im Bryant Park – was will man mehr! Nachdem Spitzenkoch Gabriel Kreuther zunächst im exzellenten Restaurant The Modern (gelegen im Museum of Modern Art, MoMA) für Furore gesorgt hatte, dachte er sich wohl: Wieso die Erfolgsformel nicht auch anderswo ausprobieren?

Stör- und Sauerkraut-Tarte

In den ersten zehn Jahren seiner Laufbahn arbeitete Gabriel in Deutschland, Frankreich und der Schweiz in etlichen großartigen Restaurants, die mit den begehrten Michelin-Sternen ausgezeichnet sind. Dann war er bereit für neue Herausforderungen und begann im New Yorker Sternerestaurant Jean-Georges. Er startete voll durch, schwang sich zu kulinarischen Höhenflügen auf, verließ das Jean-Georges und wurde Küchendirektor im Nobelrestaurant Atelier im Hotel The Ritz-Carlton am Central Park. Den absoluten Höhepunkt seiner Karriere aber feierte er im The Modern, wo er im Laufe seiner fast zehnjährigen Anstellung zahlreiche Preise verliehen bekam, darunter 2009 den James Beard Foundation Award als bester Koch New Yorks, der als der Oscar der Küche gilt.

Im Juni 2015 machte sich Gabriel selbstständig und eröffnete sein eigenes Spitzenrestaurant, das seinen Namen trägt: das Gabriel Kreuther. Nach Herzenslust vereint er hier seine Liebe zu New York mit der klassischen französischen Küche und seinen elsässischen Wurzeln. In seiner modern interpretierten Tarte flambée und der vielleicht besten Leberwurst im Umkreis von vielen Meilen schmeckt man ganz deutlich die Einflüsse seiner elsässischen Heimat hervor.

Genau wie im The Modern macht Gabriel auch hier keinen Hehl aus seiner klassischen Ausbildung und der strengen Schule, die ihm beide eher zum Vorteil als zum Nachteil gereichen. Während seiner Zeit als Chefkoch im The Modern sammelte er eine große Anzahl treuer Fans, die total verrückt nach einigen seiner Rezepte waren. Insofern war es nur logisch, dass sie ihm auch ins Gabriel Kreuther folgten. Eins von Gabriels Meisterwerken ist die unter Rauch servierte Stör- und Sauerkraut-Tarte, garniert mit einer edlen Sauce mousseline und glänzend schwarzem Kaviar. Dieses Gericht könnte locker eine eigene Facebook-Seite haben – bei der unglaublichen Menge an Fans, die es hat.

Was aber macht seine Gerichte derart begehrt? Sie sind komplett von Hand hergestellt, und zwar von einem begeisterten, zielorientierten Team, das mit Techniken arbeitet, die dafür sorgen, dass jedes Gericht sowohl funktionale als auch ästhetische Ansprüche erfüllt – und damit am Ende einen echten Mehrwert schafft.

Gabriel Kreuther, ein wahrer Meisterkoch, der stolz auf seine klassische Ausbildung und auf sein Erbe ist, ist mit seinem Gourmetrestaurant definitiv ein kulinarischer Überflieger.

MIDTOWN WEST

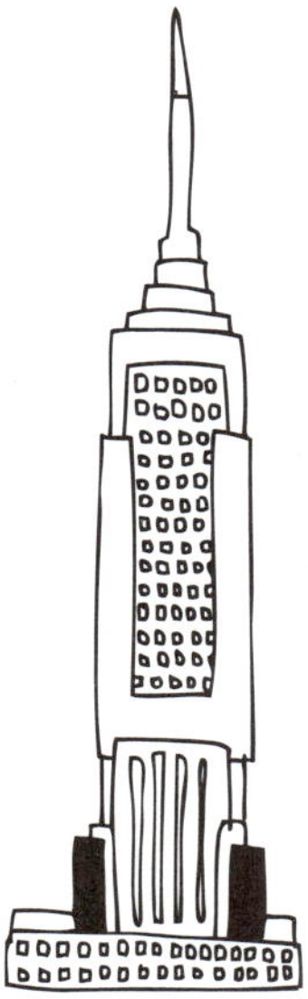

GUT ESSEN – WEITERE ADRESSEN

12 **OOTOYA CHELSEA**
8 W 18th St. (zwischen 5th Ave. und 6th Ave.) – NY 10011
Tel. +1 212 255 0018
www.ootoya.us
▸ **Rosu-Katsu Teishoku (panierte Schweinelende mit köstlichen Beilagen)**

13 **AÑEJO HELL'S KITCHEN**
668 10th Ave. (@ 47th St.) – NY 10036
Tel. +1 212 920 4770
www.anejonyc.com
▸ **Thunfisch-Tlayuda (Maistortilla mit Thunfisch)**

14 **CITY SANDWICH**
649 9th Ave. – NY 10036
Tel. +1 646 684 3943
www.citysandwichnyc.com
▸ **portugiesische Sandwiches**

15 **MAREA**
240 Central Park South (zwischen Broadway und 7th Ave.) – NY 10019
Tel. +1 212 582 5100
www.marea-nyc.com
▸ **Strozzapreti, Riesenkrabben, Seeigel, Basilikum**

16 **ROBERT'S STEAKHOUSE AT THE PENTHOUSE CLUB**
603 W 45th St. (zwischen 11th Ave. und 12th Ave.) – NY 10036
Tel. +1 212 245 0002
http://www.pecnyc.com/robert.html
▸ **Porterhousesteak und Zwiebelringe**

17 **DAISY MAY'S BBQ USA**
623 11th Ave. (@ 46th St.) – NY 10036
Tel. +1 212 977 1500
www.daisymaysbbq.com
▸ **Schweinekamm**

18 **GRAMERCY TAVERN**
42 E 20th St. (zwischen Broadway und Park Ave. South) – NY 10003
Tel. +1 212 477 0777
www.gramercytavern.com
▸ **Maispudding, goldgelbe Tomaten und Shishitos**

19 **PAM REAL THAI FOOD**
404 W 49th St. – NY 10019
Tel. +1 212 333 7500
www.pamrealthai.com
▸ **Ochsenschwanzsuppe**

1

UNION SQUARE CAFE

101 E. 19th St. – NY 10003
Tel. +1 212 243-4020 – www.unionsquarecafe.com
geöffnet: Mo–Do 11:45–22:00 Uhr, Fr 11:45–23:00 Uhr, Sa 10:00–23:00 Uhr, So 10:00–22:00 Uhr

Ich war schon immer ein begeisterter Fan des Union Square Cafe. Als es nach Renovierungsarbeiten vor einiger Zeit wiedereröffnete, war ich gespannt auf das neue Union Square Cafe. Ob es noch das gleiche Ambiente hatte? Ob ich sein größter Fan bleiben würde?

19th Street Tuna Burger

Gelbflossen-Thun-Burger mit Tomate, gerösteter Paprika, Oliven-Aioli, Brioche

Die verantwortlichen Architekten haben alles gegeben, um das alte Ambiente beizubehalten, was ihnen ganz wunderbar geglückt ist. Das einstige Esslokal, das früher einmal Brownies hieß, wurde von Danny Meyer 1985 in Union Square Cafe umbenannt. Andy Warhol, der nur einen Straßenblock weiter sein *factory* genanntes Atelier hatte, war Stammgast hier. Seit jener Zeit ist es unvorstellbar, sich über die Gastro-Szene in New York zu unterhalten, ohne das Union Square Cafe zu erwähnen. Es ist die perfekte Mischung aus italienischer Trattoria, einem Bistro und einer amerikanischen Bar mit Grill, wohlgemerkt!

Unter Danny Meyers Ägide entwickelte sich das Union Square Cafe zu einem der angesagtesten Restaurants in Manhattan. Das neue Union Square Cafe bietet etwas mehr Platz, was den Gästen sehr zugutekommt. Mit 198 Sitzplätzen (statt bislang 152), zwei Bars und einer geräumigen Empore ist es in jeder Hinsicht einfach grandios. Die Küche hat natürlich eine Reihe von Klassikern beibehalten, wie zum Beispiel den fantastischen Thunfisch-Burger, der nach der Renovierung einen neuen Namen bekam – er heißt jetzt 19th Street Tuna Burger, nicht mehr 16th Street Tuna Burger.

Alles in diesem wunderbaren Restaurant verströmt Klasse und Gastfreundlichkeit. Als ich eines Morgens einen Blick in meine Doggy Bag vom Vorabend warf, fand ich einen handgeschriebenen Zettel des Chefkochs Carmen Quagliata, der sich eigens dafür bedankte, dass ich seine Speisen offenbar für gut genug befand, um sie einpacken zu lassen und mitzunehmen.

Jason Wagner, eine Koryphäe seines Fachs und guter Freund von mir, der zuvor im Fung Tu gearbeitet hatte, konnte für das ambitionierte Projekt gewonnen werden, für die Weinkarte, auf der sich bereits viele edle Tropfen finden, immer wieder neue erlesene Weine auszuwählen. Wein war immer schon ein integraler Bestandteil des Union Square Cafe und wird es wohl auch bleiben.

Alles hier ist perfekt! Der Gast wird wie ein König behandelt und erhält einen einzigartigen Einblick in das kulinarische Herz von Manhattan.

BRUT ROSÉ, RAINOLDI '05
VALTELLINA SUPERIORE, SASSELLA, SANDRO FAY '06
BARBARESCO, NUBIOLA, GIORGIO PELISSERO '06
COLIS BRECLEMAE, CANTALUPO '96
SFURSAT, CA' RIZZIERI, RAINOLDI '06
CHIAVENNASCA, CONTI SERTOLI SALIS '08
CAREMA RISERVA, PRODUTTORI NEBBIOLO + CAREMA '05
NEBBIOLO D'ALBA, VALMAGGIORE, SANDRONE '07
GATTINARA, VIGNETO CASTELLE, ANTONIOLO '00
BAROLO, GATTERA
NEBBIOLO, BRICCO LORELLA, ANTONIOLO '09

2

MAIALINO

Gramercy Park Hotel, 2 Lexington Ave. (Gramercy Park) – NY 10010
Tel. +1 212 777-2410 – www.maialinonyc.com

geöffnet: Mo–Fr 07:30–10:00 Uhr, 12:00–14:00 Uhr und 17:30–22:00 Uhr, Do–Fr bis 22:30 Uhr, Sa–So 10:00–14:30 Uhr und 17:30–22:30 Uhr, So bis 22:00 Uhr

Wenn Sie in Rom sind, machen Sie es wie Danny Meyer … Das Maialino (auf Deutsch »Spanferkel«) ist Danny Meyers Antwort auf eine römische Trattoria. Die Kulisse für dieses »Dannyland« bietet das Gramercy Park Hotel.

Viererlei vom Spanferkel mit Rosmarinkartoffeln

Alles hier erinnert an Italien. Lassen Sie sich verzaubern vom unwiderstehlichen Charme einer *Salumi*-Theke, wo exzellente italienische Wurstwaren mit größter Sorgfalt und noch größerer Liebe und Hingabe fein geschnitten werden, bevor sie dann auf Tischen mit blau-weiß karierten Tischdecken platziert werden.

Was die römische Küche so großartig und besonders macht, ist, dass die Köche sich offenbar nicht bewogen fühlen, ihre Pasta-Gerichte in Tomatensoße oder *ragù alla bolognese* zu ertränken. Und genau das macht die Brillanz eines Gastronoms und Unternehmers wie Danny Meyer aus: Er hat die Gabe, im Rahmen einer ganz klaren Konzeption und Vision das Beste aus seinen Küchenmeistern herauszuholen. Nick Anderer, der zuvor im Babbo gearbeitet hatte, wurde von Danny für sein Maialino abgeworben, damit er Schwung in die Küche bringt und ihr den italo-typischen geschmacklichen Akzent verleiht. Nick Anderer ist zwar kein gebürtiger Römer, erfüllt seine Aufgabe aber mit Eifer und Leidenschaft. Wie ein erfahrener italienischer *Maestro* kreiert er römische Klassiker, als seien sie Originalrezepte aus Omas Küche in Italien.

Man kann ein Restaurant nicht Maialino (»Spanferkel«) nennen, ohne der feinen Verarbeitung von Schweinefleisch auch Tribut zu zollen. Ein vollendetes Gericht, das in geselliger Runde mit Freunden gegessen wird und vom ersten Bissen an die Zungen schnalzen lässt, ist das mehr als fabelhafte Spanferkel – ein kulinarisches Märchen aus dem Ofen. Das Gericht ist eine Hommage auf das Schwein als Ganzes, räumt aber auch den weniger edlen Fleischstücken einen Ehrenplatz ein.

Näher als im Maialino kann man Italien in Manhattan nicht kommen!

0 / 2
ATOBOY
ATOBOY

ATOBOY

3

ATOBOY

43 E 28th St. (zwischen Park Ave. und Madison Ave.) – NY 10016
Tel. +1 646 476-7217 – www.atoboynyc.com
geöffnet: Mo–Sa 17:30–22:00 Uhr, So 17:30–21:30 Uhr

Korea oder *Uri Nara*, wie das Land auf Koreanisch heißt, hat eine reiche kulinarische Kultur. Die in den meisten westlichen Sprachen verwendete Bezeichnung Korea leitet sich von Goryeo ab, dem Namen der im 10. Jahrhundert herrschenden Dynastie.

Gebackenes Hähnchen nach koreanischer Art

Der holländische Seefahrer Hendrik Hamel (1630–1692) strandete nach einem Schiffbruch in Korea und lebte daraufhin 13 Jahre lang dort. Wieder zurück in der europäischen Heimat, führte er den Namen Korea ein. In Südkorea trägt das Land den koreanischen Namen *Hanguk*, wobei die Südkoreaner von *Bukhan* sprechen, wenn sie Nordkorea meinen, und von *Joseon*, wenn sie von ihrem eigenen Land sprechen. In beiden Landesteilen bezeichnen die Menschen Korea als *Uri Nara*, als »unser Land«.

Kulinarisch hat Korea viel zu bieten, dennoch sind koreanische Spitzenrestaurants rar gesät. Wer das Glück hat, ein solches aufzutun, sollte unbedingt *gogigui* ausprobieren, das traditionelle koreanische Barbecue, bei dem frische Zutaten je nach Geschmack und Belieben direkt am Tisch gegrillt werden.

Die koreanische Esskultur spiegelt die koreanische Lebensphilosophie wider: das Streben nach Harmonie zwischen Yin und Yang, warm und kalt, mild und scharf. Eine Explosion der Geschmackssorten, Aromen und Konsistenzen. Kulinarische Sinnesfreuden, gleichwohl die Einfachheit regiert.

Das Atoboy hat dieses Prinzip offenbar verstanden. Chefkoch Junghyun Park legt in seiner koreanischen Küche höchstes Augenmerk auf dieses Genuss-Credo, das er konsequent verfolgt – sterneverdächtig. Das experimentierfreudige Restaurant im angesagten Industriedesign ist eine echte Bereicherung für den Flatiron District, das kleine Viertel im Stadtbezirk Manhattan.

Das Atoboy ist ein erstklassiges *Banchan*-Restaurant, das die harmonische Balance zwischen Yin und Yang in der Ausgewogenheit seiner Speisen umsetzt. *Banchan* heißt nichts anderes als »Beilagen«, die man in Korea typischerweise zum Reis dazubestellt. Und so wird hier auch den *banchan* zu gebührendem Glanz verholfen. Eines der beliebtesten Gerichte ist Korean fried chicken (gebackenes Hähnchen koreanischer Art), auch *yangnyeom* genannt, das in London, New York und Berlin bereits hoch im Kurs steht und mittlerweile auch in Paris, Amsterdam und Belgien als kultiges Trendgericht gilt. »Korean fried chicken« bedeutet zweimal ausgebacken – maximale Knusprigkeit ist also garantiert!

Korean fried chicken, dazu ein Bier oder koreanischer Soju, hat bei Südkoreanern wahren Kultstatus erworben. Für die ältere Generation sind Hähnchengerichte ohnehin ein echter Genuss, denn in früheren Zeiten, als Hähnchen und andere Fleischsorten knapp waren, kam Hähnchen nur zu besonderen Anlässen auf den Tisch. In den 1950er- und 1960er-Jahren etwa war nirgendwo Huhn zum Frittieren erhältlich – es wurde traditionell nur für die klassische Hühnersuppe Samgyetang verwendet und zusammen mit Reis und Ginseng gekocht.

Die Küche Koreas schmeckt einfach fantastisch. Unbedingt probieren!

Thank You for Shopping With us!

4

HAANDI

113 Lexington Ave. (zwischen 27th St. und 28th St.) – NY 10016
Tel. +1 212 685-5200 – www.haandiny.com
geöffnet: täglich 10:00–00:00 Uhr

Wer in Manhattan lebt, kein Auto hat und plötzlich Lust auf indisches Essen bekommt, der muss sich nicht auf den langen Weg raus nach Jackson Heights in New Jersey oder Floral Park in Queens machen. Ganz in der Nähe nämlich gibt es eine kleine indische Oase.

... für dieses Chicken Tikka gehe ich meilenweit

Chicken Tikka

Das kleine Viertel Murray Hill rund um 28th Street und Lexington Avenue wird umgangssprachlich gerne auch Curry Hill genannt, weil es hier besonders viele indische Restaurants gibt. Hier findet man alles, was die indische Küche zu bieten hat, von Dosa bis pakistanische Kebabs sowie einen herrlichen südindischen Markt mit schmackhaften Spezialitäten.

Ich bin regelrecht süchtig nach Hähnchen in allen erdenklichen Varianten. Genauso wie japanisches Unagi oder Kabayaki für mich die besten Aal-Gerichte der Welt sind, genauso ist Chicken Tikka für mich das allerbeste und wunderbarste Hühnchen-Gericht überhaupt. Der Duft, der Anblick und natürlich der Geschmack sind mit keinem anderen Hühnchen-Gericht, das ich kenne, zu vergleichen. Gewiss, Tandoori-Chicken ist eines der bekanntesten Gerichte, die wir mit der indischen Küche verbinden, aber diese komplexe Geschmacksexplosion hat ihren Ursprung anderswo, nämlich im persisch geprägten Mogulreich, das in Nordindien etwa zwischen 1526 und 1757 die Herrschaftsmacht hatte. Der Einfluss des Großreiches war immens; schon damals lebten an die 150 Millionen Menschen in diesem Gebiet.

Auch die vorherrschende Küche im Mogulreich, die damals ihren Weg aus den Regionen Altpersien, Kaschmir und Punjab nach Nordindien fand, wurde nach dem muslimischen Mogulreich benannt (Mughlai-Küche). Der breiten muslimischen Bevölkerung aber wurde Tandoori-Chicken erst bekannt, als das Mogulreich zerfiel.

Das Gericht eroberte die Herzen der Nordinder und Pakistani im Sturm und verzauberte auch mich direkt. Die eingeschnittenen Hähnchenkeulen werden mit einer Marinade aus Joghurt, Limetten- oder Zitronensaft, einem Mix aus frischen Kräutern und Gewürzen überzogen und verwandeln sich dann während ihrer Garzeit im Tandoori-Ofen auf magische Weise in ein Stück Leidenschaft und Emotion. Eine kurze Garzeit in einem traditionellen, feuerheißen Tandoori-Ofen (ca. 500 °C bis 600 °C) reicht aus, um feuerrote Hähnchenkeulen aus dem Ofen zu zaubern – jedes Mal ein absolutes Erlebnis!

Ali, der überaus freundliche Inhaber des Haandi, hält hier das Ruder fest in der Hand. Zum ersten Mal besuchte ich das Restaurant, als ich dort viele indische Taxifahrer sah, die sich ihr Essen sichtlich schmecken ließen. Für viele Taxifahrer aus Nordindien stellt gutes Essen ein ganz wesentliches Element in ihrer täglichen Routine dar, genauso wie das Betanken ihres Taxis. Welch sensationelle Entdeckung! Es gibt ein Buffet, das Restaurant serviert aber auch eine riesige Auswahl frisch zubereiteter Spezialitäten à la carte, direkt aus der Küche. Wer besonders experimentierfreudig ist, kann sich an Magaz Masala wagen, an Ziegenkopf-Curry, bei dem Bäckchen, Zunge und insbesondere Hirn direkt aus dem aufgespaltenen Schädel gegessen werden. Auch die Kebab-Gerichte sind perfekt gewürzt und von angenehmer Konsistenz, aber für Haandis Chicken Tikka und das Tandoori-Chicken würde ich meilenweit gehen.

5

SUSHI YASUDA

204 E. 43rd St. (zwischen 2nd Ave. und 3rd Ave.) – NY 10017
Tel. +1 212 972-1001 – www.sushiyasuda.com
geöffnet: Mo–Fr 12:00–14:15 Uhr und 18:00–22:00 Uhr, Sa 18:00–22:00 Uhr

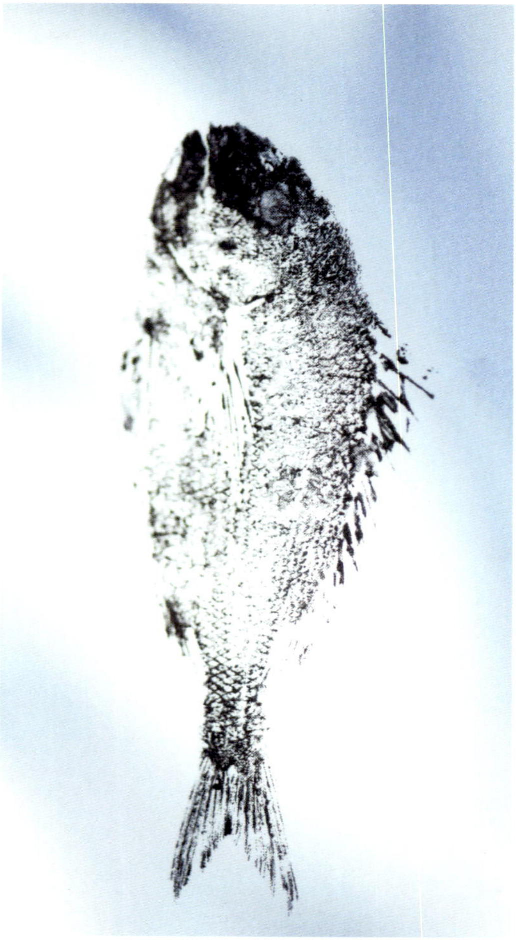

»Mein Leben wird nie mehr so sein wie vorher«, sagte mal ein guter Freund von mir, nachdem er sein erstes Seeigel-Sushi im Sushi Yasuda gegessen hatte. Nicht, dass ich ihn nicht vorgewarnt hätte. Er hatte bereits zahllose japanische Restaurants ausprobiert, allerdings noch nie außerhalb Europas, und so hatte er alles erwartet (oder zumindest schon mal erlebt), nur nicht das!

Uni-Sushi — Sushi mit Seeigel

Im Jahr 2000 startete Naomichi Yasuda zusammen mit Shige Akimoto und Scott Rosenberg das Sushi Yasuda, das sich von Tag eins an als wahre Goldgrube erwies. Dabei spiegelt das ganze Konzept die klassische Sushi-Esskultur wider: minimalistisches Design, die Küche durch präzise Abläufe bestimmt, die Speisen von höchster Qualität, die Sake-Karte exquisit – alles unter der Regie eines enorm engagierten und talentierten Chefkochs, Yasuda höchstpersönlich.

Viele Menschen wollen oder können nicht glauben, dass es zehn bis 15 Jahre braucht, um die hohe Kunst der Sushi-Zubereitung perfekt zu beherrschen. Sushi hat eine jahrhundertealte Geschichte, eine lange Tradition, die sich im Laufe der Zeit stetig weiterentwickelt hat, und so sind wir heute in der glücklichen Lage, hier und da in den Genuss dieser lebendigen Weiterentwicklungen zu kommen. Wer in Japan als Souschef ernst genommen werden möchte, muss sich in dieser Kunst viele Jahre lang üben, und nur die Besten der Besten erlangen den Status eines *shokunin*, eine nationale Ehre, die nur jenen zuteilwird, die mit ihrer Handwerkskunst allerhöchstes Niveau erreichen. Ich persönlich habe dieses allerhöchste Niveau außerhalb Japans selten erlebt, Yasuda aber trifft jedes Mal ins Schwarze.

Sushi zu essen muss eine vollkommene und sinnliche Erfahrung sein. Ein Besuch im Yasuda bedeutet eine Auszeit vom hektischen Wahnsinn in Midtown East – das Restaurant liegt nur wenige Schritte von der Grand Central Station entfernt. Es fühlt sich an, als würde man eine magische Blase betreten, in einen japanischen Kokon hineinkommen. Als Willkommensgruß erhält jeder Gast ein Glas Wasser, das zuvor durch Binchōtan (eine seltene Aktivkohle mit der Fähigkeit, Wasser zu reinigen und zu mineralisieren) in eine Karaffe gefiltert wurde. Das Restaurant ist immer bis auf den letzten Platz besetzt, alle Mitarbeiter aber behalten stets ein ungeheures Maß an Ruhe und Gelassenheit. Die Sushi-Köche sind vollkommen im Einklang mit dem, was sie tun; sie agieren als Medium für ihre Produkte, sind Katalysatoren, die Reis und Fisch in geradezu magische Geschmackserlebnisse verwandeln. Sie sind imstande, äußerst fokussiert zu sein, dabei höchst präzise und handwerklich perfekt zu arbeiten. Das perfekte Sushi ist ein synergetischer Mikrokosmos, der weit vielschichtiger schmeckt als die einzelnen Zutaten an sich. Hier im Yasuda ist jedes Sushi-Gericht ein Erlebnis, ein Mini-Schnuppermenü in einem einzigen Happen.

Die Auswahl an superfrischem und kunstvoll verarbeitetem Fisch ist gigantisch, was die Menüwahl nicht gerade einfach macht. Empfehlenswert sind Mirugai (Elefantenrüsselmuscheln), Anago (Meeraal), Torpedo-Makrele, Hotategai himo (Kamm- oder Jakobsmuscheln) und natürlich Uni, der legendäre, hocherotische Seeigel! An das Uni-Sushi oder die Maki mit Uni reicht in ganz Manhattan so schnell nichts heran – ein einzigartiges Geschmackserlebnis!

Mitsuru Tamura, der im Sushi Yasuda elf Jahre lang als Souschef gekocht hat, übernahm 2011 die Position des Chefkochs, als Yasuda zurück nach Japan ging, um in Tokio eine Sushibar zu eröffnen. Das Sushi Yasuda ist wahrscheinlich die beste Sushibar außerhalb von Japan.

MIDTOWN EAST

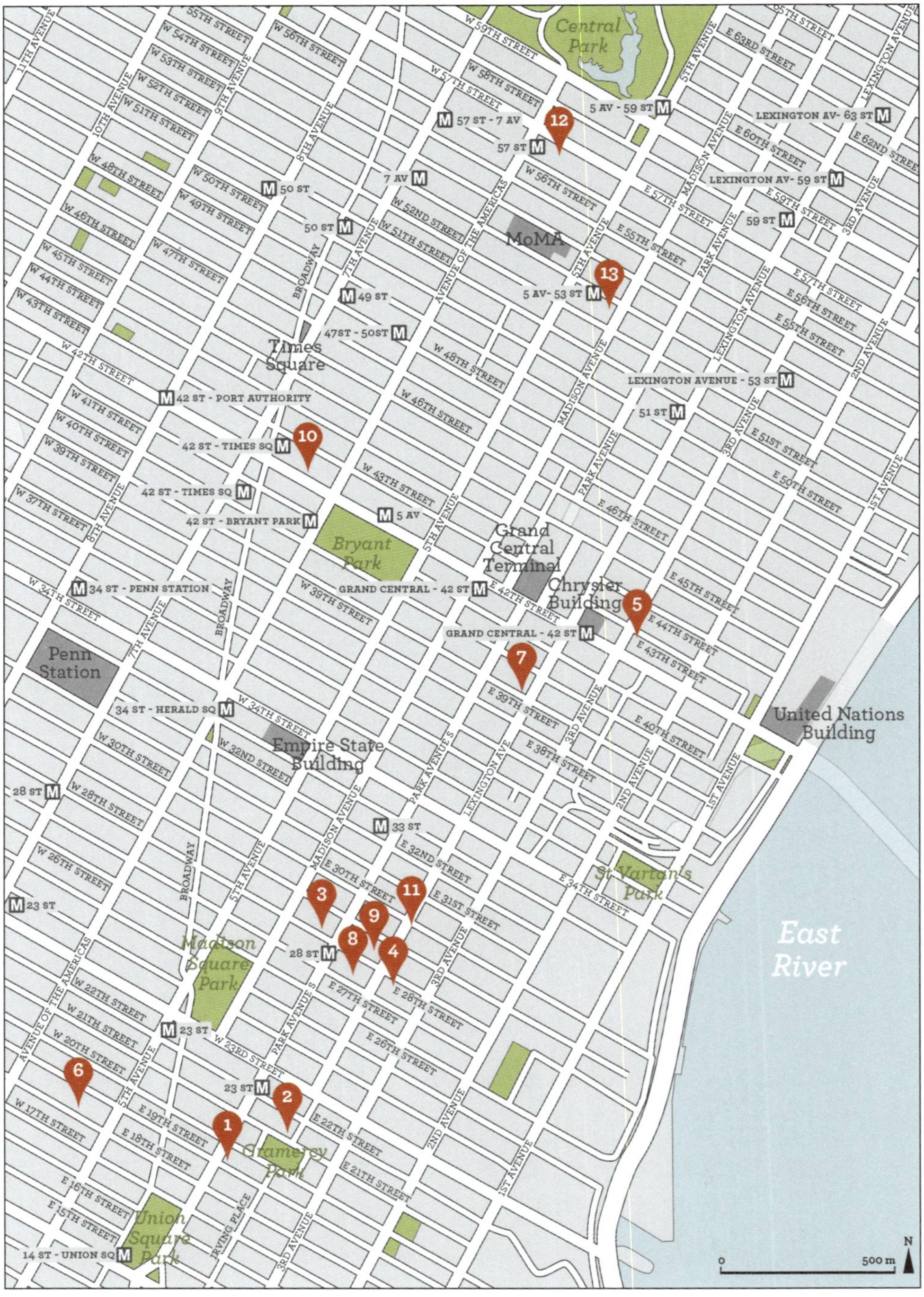

GUT ESSEN – WEITERE ADRESSEN

6 **THE GANDER**
15 W 18th St. – NY 10011
Tel. +1 212 229 9500
www.thegandernyc.com
‣ **Rinderbrust-Häppchen**

7 **KAJITSU**
125 E 39th St. – NY 10016
Tel. +1 212 228 4873
www.kajitsunyc.com
‣ **Omakase nach Shojin-Art**

8 **DHABA**
108 Lexington Ave. – NY 10016
Tel. +1 212 679 1284
www.dhabanyc.com
‣ **Punjab da murgh (Hähnchen-Curry mit Knochen)**

9 **TIFFIN WALLAH**
127 E 28th St. (zwischen Lexington Ave. und Park Ave.) – NY 10016
Tel. +1 212 685 7301
www.tiffindelivery.us
‣ **südindische Spezialitäten**

10 **AUREOLE**
135 W 42nd St. – NY 10036
Tel. +1 212 319 1660
www.charliepalmer.com/aureole_new-york/
‣ **Degustationsmenü**

11 **PENELOPE**
159 Lexington Ave. – NY 10016
Tel. +1 212 481 3800
www.penelopenyc.com
‣ **Chicken Pot Pie (Hühnerpastete)**

12 **NOBU FIFTY SEVEN**
40 W 57th St. (zwischen 5th Ave. und 6th Ave.) – NY 10019
Tel. +1 212 757 3000
www.noburestaurants.com/fifty-seven
‣ **Kohlenfisch mit Miso**

13 **EMPELLÓN**
510 Madison Ave. (@ 53rd St.) – NY 10022
Tel. +1 212 858 9365
www.empellon.com
‣ **Krabben-Nachos mit Seeigel**

Little
CUPCAKE
BAKESHOP
COFFEE & DESSERT
Since 2005

1

BABBO

110 Waverly Pl. (zwischen Washington Square West und 6th Ave.) – NY 10011
Tel. +1 212 777-0303 – www.babbonyc.com

geöffnet: Mo 17:30–23:15 Uhr, Di–Sa 11:30–14:00 Uhr und 17:30–23:15 Uhr, So 17:00–22:45 Uhr

Das beste italienische Restaurant New Yorks
liegt nicht in Little Italy.

aBBO

Rinderbacken-Ravioli, Taubenleber und schwarzer Trüffel

Wer beste italienische Küche genießen will, geht ins Babbo, das an der Spitze des gastronomischen Reichs von Mario Batali steht, dem phänomenalen Koch, Autor und Medienstar. Mario Batali ist außerdem ein Experte in Sachen Geschichte und Kultur der italienischen Küche und spezialisiert auf sämtliche regionale und lokale Varianten. Er ist Mitinhaber von 21 Restaurants und Autor von neun Kochbüchern.

Der Großvater von Molto Mario (so Batalis Spitzname) kam 1899 aus den Abruzzen in die USA, um in den Kupferminen in Butte (Montana) zu arbeiten, zog später aber nach Seattle, wo Mario 1960 geboren wurde. Inzwischen ist Mario Mitinhaber mehrerer Restaurants in aller Welt, wobei das Babbo, das er zusammen mit Joseph Bastianich eröffnet hat, zweifelsohne seine persönliche Nummer eins ist.

Das Babbo preist beste italienische Tradition und bietet klassische italienische Küche. Seine Philosophie ist denkbar einfach: nur beste regionale Zutaten, möglichst einfach zubereitet. Ob in Neapel, an der Amalfiküste, an der Atlantikküste oder im Hudson Valley, die meisten italienischen Köche lieben ihre Region und preisen sie mit frischen Zutaten aus Land und Meer. So wie im Babbo, wo sie nach Marios persönlicher Philosophie zu meisterhaften Interpretationen findet.

Ihre Lieblingsklassiker aus urigen Osterias in Italien werden Sie im Babbo so nicht finden. Für mich ist die Speisekarte wie eine Eintrittskarte in den kulinarischen Himmel Italiens. Die unterschiedlichen Varianten der typischen Osteria-Gerichte sind hier zumeist sogar besser als alles, was ich aus Italien kenne. Auch die Musik ist besser. Die Leichtigkeit der scheinbar mächtigen Gerichte begeistert mich immer wieder aufs Neue. Wenn ich nur an die Tortellini mit Ziegenkäse, getrockneten Orangenstreuseln und Fenchelsamen denke, läuft mir das Wasser im Munde zusammen, Gleiches gilt für das Brasato al Barolo (in Barolo geschmortes Rindfleisch), das mir um eine Nuance besser schmeckt als die Variante, die ich im Boccondivino im italienischen Bra gegessen habe.

Das Babbo ist ein Phänomen; ein zauberhafter italienischer Traum und ein Muss für alle Kenner und Liebhaber fantastischer Speisen und Getränke. Die Weinkarte führt ausschließlich italienische Weine. Jedes Mal, wenn ich hier bin, habe ich nur einen Gedanken: Welche hübsche Ausrede kann ich finden, um so schnell wie möglich wieder hierherzukommen? Forza Mario Batali!

BOULANGERIE

2

BALTHAZAR

80 Spring St. (@ Crosby St.) – NY 10012
Tel. +1 212 965-1414 – www.balthazarny.com
geöffnet: Mo–Do 07:30–00:00 Uhr, Fr 07:30–01:00 Uhr, Sa 08:00–01:00 Uhr, So 08:00–00:00 Uhr

Für mich zählt das Balthazar zu den eindrucksvollsten New Yorker Restaurants. Es ist hier immer brechend voll, will heißen, es herrscht immer eine Art heimeliges Chaos. Doch die Leidenschaft und Professionalität, die man hier an den Tag legt, und zwar in allen Bereichen, kann sich wirklich sehen lassen.

Shane verwandelt dieses scheinbar simple Gericht in ein intergalaktisches Meisterwerk.

Tatarbeefsteak

Sofort hat man das Gefühl, man wäre in einer der schönsten Brasserien von Paris, rundum aufs Freundlichste bedient.

Es fängt mit der kleinen Bäckerei neben dem Restaurant an; klein, ja, aber doch ganz groß! Allein beim Blick durch das Schaufenster wird man überwältigt von Nostalgie und Appetit. Lust auf fantastisches Brot und *Viennoiserie*? Die Brasserie selbst ist imposant, voller Dynamik und bietet eine mehrmals am Tag wechselnde Speisekarte. Am Abend scheint es, als hätte man eine Karte aus Frankreich vor sich; Schrifttypen und Farben sind mit dem gleichen feinen Gespür aufeinander abgestimmt, mit dem ein Choreograf die Schritte für seine besten Tänzer zusammenstellen würde. Jawohl, ich bin ein eingefleischter Fan. Früher bin ich nur an Sonntagen mit Freunden zum ausgiebigen Brunch hierhergekommen oder auch nur, um die Wochenendausgabe der New York Times zu lesen, besser gesagt, sie durchzublättern, denn sie von vorne bis hinten zu lesen, ehe man seine Eier Benedict oder seine Spiegeleier mit hausgemachter Blutwurst aufgegessen hat, schafft kein Mensch.

Ich möchte an dieser Stelle gerne meinen Freunden Olivier und Veerle danken, und zwar dafür, dass sie mich seinerzeit überhaupt erst auf das fabelhafte Tatarbeefsteak gebracht haben. Beide waren sie total begeistert davon und auch ich schloss mich augenblicklich ihrem Kult an. Das Tatarbeefsteak schmeckte sogar noch köstlicher, als sie es beschrieben hatten. *Filet americain préparé*, das je nach Region auch als *steak tartare* auf der Karte steht, wird weltweit genossen. Es besteht traditionell aus Rind- oder Pferdefleisch, das kurz mariniert wird und möglichst wenig Fett hat, denn rohes Fett schmeckt einfach nicht und erzeugt ein nicht gerade angenehmes Gefühl im Mund.

Die Variante, die wir heute kennen, kam erstmals zu Beginn des 20. Jahrhunderts in Restaurants in Paris auf, die ein sogenanntes *steak à l'américaine* unter Zugabe von Eigelb zubereiteten. 1921 ging das Gericht in die kulinarische Geschichte ein, als Georges-Auguste Escoffier, der berühmte französische Meisterkoch, es in seine Koch- und Rezeptbibel »Le Guide Culinaire« mit aufnahm. Für Puristen, für die rohes Eigelb nicht infrage kommt, war Escoffier ein unbelehrbarer Querkopf. Der »Larousse Gastronomique« von 1938, das große Standardwerk für gute Küche, nahm Escoffiers Variante jedoch auf und damit gehörte rohes Eigelb fortan unbedingt dazu.

Das Tatarbeefsteak von Shane McBride, Küchenchef in diesem einzigartigen Restaurant, ist legendär – mehr Gründe, nach New York zu kommen, braucht es nicht. Die Qualität des Fleisches in Verbindung mit den übrigen Zutaten ist eine wahre Offenbarung. Die brillante Würzung verwandelt dieses scheinbar simple Gericht in ein intergalaktisches Meisterwerk. Da die Speisekarte im Balthazar mehrmals am Tag wechselt, möchte ich am liebsten stundenlang hier sitzen und immer wieder etwas Neues bestellen. Ein Ausflug ins Balthazar gleicht einer Abenteuerreise, einer kulinarischen Tagesreise, die möglicherweise ewig währt!

KEEP CALM AND CRONUT ON

DOMINIQUE ANSEL
BAKERY

DOMINIQUE ANSEL BAKERY

COOKIES
BAKED
BY THE HOUR

3

DOMINIQUE ANSEL BAKERY

189 Spring St. (zwischen Sullivan St. und Thompson St.) – NY 10012
Tel. +1 212 219-2773 – www.dominiqueansel.com
geöffnet: Mo–Sa 08:00–19:00 Uhr, So 09:00–19:00 Uhr

Mit einem neuen Gebäckstück an einem Markt mit ohnehin breit gefächertem Angebot eine Revolution auszulösen, dabei Begeisterungsstürme zu entfachen, wie sie die Gastro-Szene seit langer Zeit nicht mehr erlebt hat, noch dazu in einer so kritischen und anspruchsvollen kulinarischen Arena wie NYC – das ist für Feinbäckereien schier unmöglich. Einer aber hat dies geschafft. Die Rede ist von einem unfassbar talentierten Profi: von Dominique Ansel, einem erstklassigen französischen Bäckermeister.

Cronut

So viel steht fest: Mit wachen Sinnen um die Welt zu reisen, hilft, die Dinge des täglichen Lebens zu relativieren und sie in einem anderen Licht zu sehen. Sieben Jahre lang war Ansel für die internationale Expansion der französischen Feinbäckerei-Kette Fauchon verantwortlich, die Filialen in Russland, Ägypten und Kuwait eröffnete. Später hatte er die Möglichkeit, sechs Jahre lang als Chef-Patissier im Sternerestaurant Daniel zu arbeiten, das zu den besten in ganz NYC zählt. Im Daniel hatte Dominique ziemlich freie Hand, konnte sich weiterentwickeln und wunderbar kreativ sein. Doch damit nicht genug ...

Nachdem er seine eigene gleichnamige Bäckerei, die Dominique Ansel Bakery, eröffnet hatte, in der er seine kreativen Visionen frei entfalten kann, tüftelte er zwei Monate lang an mindestens zehn Rezepten, ehe er so weit war, der Öffentlichkeit seinen neu erfundenen Cronut™ zu präsentieren. Am 10. Mai 2013 war der historische Moment gekommen. Seitdem ist der Cronut in aller Munde und das wohl meist kopierte Zuckerwerk in der neueren Geschichte des Bäckerhandwerks. (Ganz nebenbei wurde Dominique 2014 von der James Beard Foundation auch noch die Auszeichnung »Outstanding Pastry Chef« verliehen.)

Der Cronut ist eine Kreuzung aus Croissant und Donut, allerdings wäre es eine Beleidigung, diese edle Kreation mit einem gewöhnlichen Croissant oder Donut zu vergleichen. Das Geheimnis besteht im komplexen Mischungsverhältnis der Teigmasse und in der Tatsache, dass der Cronut in Traubenkernöl bei einer bestimmten Temperatur frittiert wird. Danach wird er vorsichtig in Zucker gerollt, mit Creme befüllt und mit Zuckerguss überzogen. Der Geschmack der Füllung wechselt jeden Monat, da Dominique sie immer der Jahreszeit anpasst. Die gesamte Herstellung dauert drei Tage und erfolgt komplett im eigenen Haus.

Das Ergebnis ist ein Donut, der aussieht wie ein Stück Feingebäck, das auf der Stelle verzehrt werden will. Der Innenteil mit mehreren Schichten aus hauchdünnem Teig ist spektakulär. Wer seinen Cronut schneiden möchte (mit einem gezackten Messer, versteht sich), sollte darauf achten, die Schichten nicht zu zerstören, denn sie sind wesentlicher Bestandteil dieses sensationellen Geschmacks und der außergewöhnlichen Konsistenz.

Doch wie um alles in der Welt kommt man an einen dieser süßen Kringel heran, die auf dem Schwarzmarkt gerne mal bis zu 100 US-Dollar kosten? So einen Cronut zu ergattern, um zum Beispiel sein Herzblatt damit zu überraschen, ist gar nicht so leicht. Es bedarf einiges an Vorbereitung. Unter www.cronutpreorder.com kann man jeden Montagmorgen vor elf Uhr seine Bestellung für die Auslieferung zwei Wochen später abgeben! Beispiel: Am Montag, den 2. Juli, kann man sich maximal fünf Cronuts pro Person für einen beliebigen Tag in der Woche vom 16. bis 22. Juli bestellen.

Aber ... der frühe Vogel fängt den Wurm. Wer unbedingt heute einen Cronut ergattern will, muss früh auf den Beinen sein und sich vor dem Laden in die Schlange stellen (wie beim Ticketverkauf für ein Konzert der Rolling Stones), und zwar so früh wie möglich, am besten, bevor er aufmacht. Aber es lohnt sich. Stellen Sie sich nur einmal die Gesichter Ihrer Liebsten vor, wenn Sie mit Cronuts zum Frühstück nach Hause kommen!

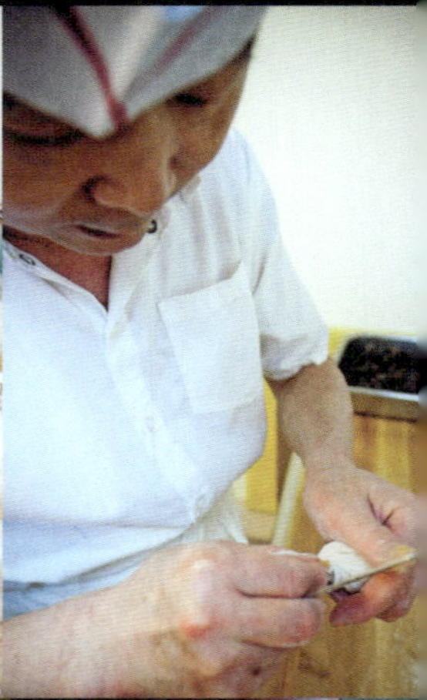

4

CHINA BLUE

135 Watts St. (oder 451 Washington St.) – NY 10013
Tel. +1 212 431-0111 – www.chinabluenewyork.com
geöffnet: Mo–Mi 11:30–22:30 Uhr, Do–Sa 11:30–23:00 Uhr, So 11:30–22:30 Uhr

Das China Blue ist eins von diesen Restaurants, wo man nach dem Besuch geht und denkt: »Hier stimmt einfach alles!«

... fein geschnittener knuspriger Aal, zart karamellisiert, mit Sesamsamen bestreut

Knuspriger Aal nach Wuxi-Art

Das China Blue ist das geistige Kind von Yiming Wang, einer modischen jungen Frau, die viel zu bieten hat. Sie hat nicht nur einen edlen Geschmack, was Essen anbelangt, sie entwirft auch ihre Kleidung selbst, und das offensichtlich sehr gut. Obendrein hat sie einen feinen Sinn für Innenausstattung, denn das Restaurant hat sie selbst gestaltet.

Das Ambiente spiegelt die Eleganz und Eigenheit von Shanghai zwischen den beiden Weltkriegen wider. Das ganze Restaurant strahlt Exklusivität aus und gibt einem das Gefühl, wichtig zu sein, sobald man durch die Tür hereintritt, wirkt aber keinesfalls kühl und steif. Antike Lampen, abgegriffene Bücher und alte Schreibmaschinen schaffen eine sehr besondere, behagliche Atmosphäre. Die Musik, der Einfall des Lichts, der offene Raum, all das scheint ebenso gut durchdacht wie natürlich die fantastischen Speisen, die das Ganze komplettieren.

Chefkoch Li ist das sprichwörtliche Salz der Erde und sehr stolz auf seine Spezialitäten aus Shanghai. Finesse heißt das Mantra seiner Küche. Sein Dim-Sum-Koch ist ein echter Zauberer und Kunsthandwerker. Nichts in ganz New York kann seiner Küche das Wasser reichen, weder in Sachen Authentizität noch in Sachen Präzision oder Präsentation. Ein kulinarisches Muss, das die ganze Stadt einmal probieren sollte, sind die klassischen Xiaolongbao (kleine mit Fleisch und Brühe gefüllte Teigtaschen), eine ultimative Hommage auf Shanghai, sowie die Kürbisküchlein mit einer Füllung aus roten Bohnen. Im China Blue ein Gericht für dieses Buch auszusuchen, ist mal wieder eine recht undankbare Aufgabe, denn unvergessliche Gerichte gibt es hier zuhauf. Lion's Head Meatball zum Beispiel, eine langsam gegarte Frikadelle, oder die acht Köstlichkeiten in scharfer Soße sind der Hammer, um nur mal ein paar zu nennen. Und auch den knusprigen Aal nach Wuxi-Art muss man einfach probiert haben. Der fein geschnittene Aal ist knusprig, kross, zart karamellisiert und mit gerösteten Sesamsamen bestreut. Dieses Gericht bietet alles, ist herzhaft und süß zugleich.

Die Küche von Shanghai, auch Hu-Küche genannt, ist sehr populär und den Küchen der umliegenden Provinzen Jiangsu und Zhejiang sehr ähnlich. Chinesen sprechen bisweilen auch von der Benbang-Küche, wenn sie alle drei meinen. Typisch für die Küche von Shanghai ist die Verwendung von Weingeist, Wein, Fisch und Krabben. Eingelegte Gemüsesorten und gesalzenes Fleisch werden oft zum Aromatisieren verwendet und auch Zucker und Sojasoße sind beliebte Kombinationen.

LOCANDA VERDE
PASTICCERIA
doughnut 2.
quickbread
muffin
cookie
croissant
scone
coffee cake
breakfast tart
CAFFE
coffee 2
espresso 4.
double espresso 6.
macchiato 4
cappuccino 4
latte 4
tea 4
"il biscotto primo non è mai perfetto."

5

LOCANDA VERDE

377 Greenwich St. (zwischen Franklin St. und Moore St.) – NY 10013
Tel. +1 212 925-3797 – www.locandaverdenyc.com

geöffnet: Mo–Fr 07:00–11:00 Uhr und 11:30–15:00 Uhr, Mo–Do 17:30–23:00 Uhr, Fr bis 23:30 Uhr, Sa–So 08:00–15:00 Uhr und 17:30–23:30 Uhr, So bis 23:00 Uhr

Eine *Locanda* ist ein lokales italienisches Gasthaus, in dem es sich vorzüglich speisen und mitunter auch übernachten lässt. Letzteres ist im Locanda Verde zwar nicht geboten, es sei denn, Sie futtern sich bis in die frühen Morgenstunden durch, aber diese Taverne ist Manhattans Antwort auf die *Locanda*, auf dieses wahnsinnig sympathische italienische Phänomen.

Knoblauch-Hähnchen aus dem Holzbackofen für zwei, Crostini mit Blaukrabben-Knoblauchcreme, Jalapeño, Tomatenkompott

Ziemlich italienisch geht es auch an der lebhaften Straßenecke zu. Morgens, mittags und abends herrscht hier ein herrliches Chaos, ein Umstand, den wohl nur ein italienisches Restaurant als annehmbar, ja gar als angenehm erachtet. Es scheint, als seien Italiener wahre Meister darin, das Chaos zu kontrollieren und es erfolgreich in etwas Heimeliges und Behagliches zu verwandeln.

In der Küche bereitet Andrew Carmellini klassische italienische Speisen zu, bodenständige Nahrung für die Seele, und er verwendet wunderbare handgemachte Pasta, die jede italienische *mamma* oder *nonna* stolz machen würde. Carmellini ist natürlich nicht irgendwer. Viele Jahre lang war er Koch unter der Ägide von Daniel Boulud und ist bis heute so etwas wie sein Schützling, was seinem Renommee sicherlich zugutekommt. Andrew Carmellini ist zudem ein Meister der klassischen französischen Küche, doch bleibt er seinem italienischen Herzen treu, um traditionellen italienischen Familiengerichten eine höchst ansprechende und moderne Note zu verleihen. Viele Gäste schätzen seine Küche und das ist spürbar. Andrew geht es nicht darum, große kulinarische Preise einzuheimsen, es geht ihm vielmehr darum, die Menschen mit seinen Speisen glücklich zu machen – ob mit einem italienischen Frühstück oder einem herrlich krossen Ciabatta mit Wurstbelag zum Mittagessen (eins der besten Sandwiches in ganz New York). Sein fantastisches Hähnchen für zwei erinnert in wunderbarer Weise daran, wie simpel und herrlich lecker italienische Speisen sind, insbesondere in geselliger Runde. Übrigens sollten Sie im Locanda Verde darauf achten, dass Sie noch Platz für die Nachspeise lassen. Zuständig für die Desserts ist die einmalige Deborah Racicot, eine echte Zauberkünstlerin. Ihre Köstlichkeiten sind an der Espressobar zu bewundern, und glauben Sie mir, diesen süßen Versuchungen werden Sie nicht widerstehen können.

Das Locanda Verde ist der jüngste Neuzugang in der Riege der Restaurants von Robert De Niro und scheint sich eher an dem zu orientieren, was sich die Menschen von einem echten italienischen Restaurant in ihrem Viertel wünschen. Italienischer geht es nicht!

6

SUSHI NAKAZAWA

23 Commerce St. (zwischen Bedford St. und 7th Ave. South) – NY 10014
Tel. +1 212 924-2212 – www.sushinakazawa.com
geöffnet: täglich 17:00–22:15 Uhr

Für mich eine schwierige Frage: Wo finde ich das beste Sushi in NYC?
Es gibt zwei Lokale, die alle anderen in den Schatten stellen:
das Sushi Yasuda und das Sushi Nakazawa.

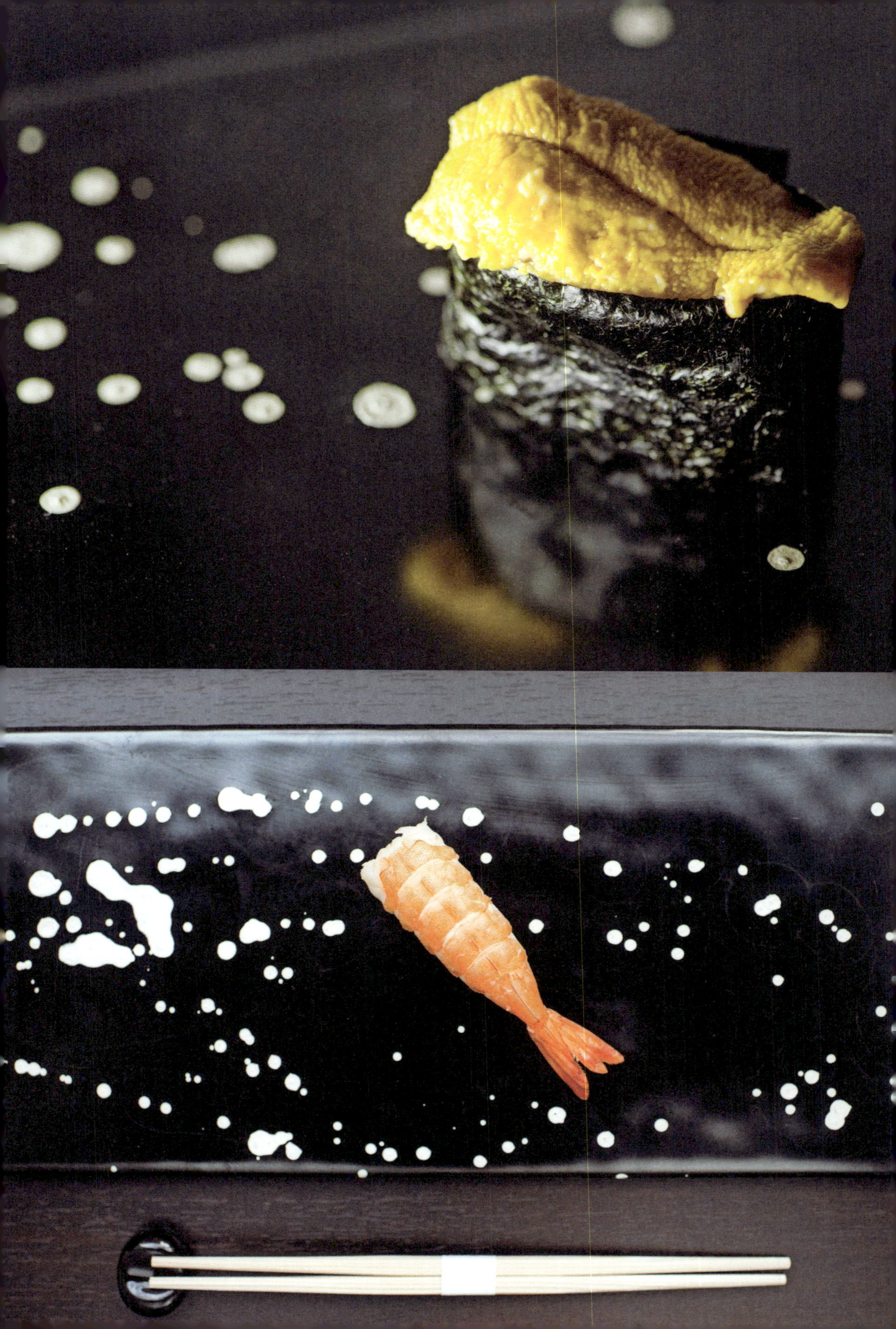

… ein magischer Moment

Omakase-Sushi

Was das Fernsehen nicht alles bewirken kann! Eines Abends im August 2012, als Alessandro Borgognone nach einem anstrengenden Tag in seinem italienischen Restaurant nach Hause kam, sich auf sein Sofa legte und eine Dokumentation über Jiro Ono sah (»Jiro Dreams of Sushi«), den besten Sushi-Koch der Welt, war er hin und weg vom hohen Arbeitsethos und der reinen Kunst der Sushi-Herstellung. In dieser Doku wurde Daisuke Nakazawa als begabtester und eifrigster Schüler vorgestellt, der jemals im Sukiyabashi Jiro, dem Restaurant mit allerhöchsten Ansprüchen, gearbeitet hat. Noch am selben Abend nahm Alessandro Borgognone Kontakt zu Nakazawa auf (mit etwas Hilfe von Google Translate, versteht sich), und im August 2013 wurde das Sushi Nakazawa ins Leben gerufen. Abgesehen davon, dass beide glatt rasierte Köpfe haben, scheinen Borgognone und Nakazawa nicht viel gemeinsam zu haben, doch irgendwie sind sie durch ein ganz besonderes magisches Band verbunden. Nakazawa ist ein höchst feinsinniger, anspruchsvoller Sushi-Koch, der eine harte Schule durchlief und über 200 Tamagodashi für seinen Lehrer kreieren musste, ehe dieser sie für akzeptabel befand.

In dieser ruhigen, baumbestandenen Straße im schönen Viertel West Village serviert Nakazawa ausschließlich Omakase-Sushi, eine Art Probiermenü aus 20 verschiedenen Sushi-Sorten und einem Temaki. Inzwischen wurde sein Sushi nach streng japanischer Tradition abgelöst durch eine Art amerikanisch-japanische New Yorker Fusionsküche, in der sich das Beste beider Welten in großartiger Weise verbindet.

Wer zu den Glücklichen gehört und eine Tischreservierung ergattern kann, darf sich auf 100 Minuten himmlischen Hochgenuss freuen. Ich selbst hatte irgendwann wunde Finger, so oft, wie ich die Wahlwiederholungstaste gedrückt habe, um endlich durchzukommen. Also, nicht aufgeben und unbedingt dranbleiben, wäre sonst schade. 21 Sushi-Gänge mit Fisch aus den besten Fanggebieten der Welt, frisch eingeflogen und eigenhändig zubereitet von einem wahren Sushi-Meister (der obendrein die Gabe besitzt, eine kleine Portion Reis von höchster Qualität unter perfekt zugeschnittenen Fischstücken zu drapieren), lassen Sie kulinarisch auf Wolke sieben schweben! Und Nakazawa freut sich immer, Ihnen auf seinem Tablet ein Bild von diesem und jenem Fisch oder Meerestier zu zeigen, das Sie noch nicht kennen. Hier zu speisen, ist ein magischer Moment – als wäre man von aller Last befreit.

LA BONBONNIERE
BURGERS - SNACK BAR — FOUNTAIN
Enjoy Coca-Cola
A

Bonbonnière

MEAT LOAF
PLATE-$10.00
SAND-$8.50
ROAST CHICKEN
Pot & Veg
$10.00
MEATBALLS
SPAGHETTI
$10.00
MEAT BALL
HERO-$8.50
BOWL OF
CHILI-$6.75
CHILI OVER
RICE-$7.75

7

LA BONBONNIÈRE

28 8th Ave. (zwischen Jane St. und W 12th St.) – NY 10014
Tel. +1 212 741-9266

geöffnet: Mo 7:00–1:00 Uhr, Di 9:00–1:00 Uhr, Mi 9:00–24:00 Uhr, Do 8:00–1:00 Uhr, Fr 7:00–20:00 Uhr, Sa–So 7:00–16:00 Uhr

Nur wenige Schritte von der trendigen Hudson Street entfernt, befindet sich La Bonbonnière, ein Juwel für eingefleischte Fans der guten Küche.

WE SERVE
MENU
HEINZ

Fluffige Bananen-Pfannkuchen

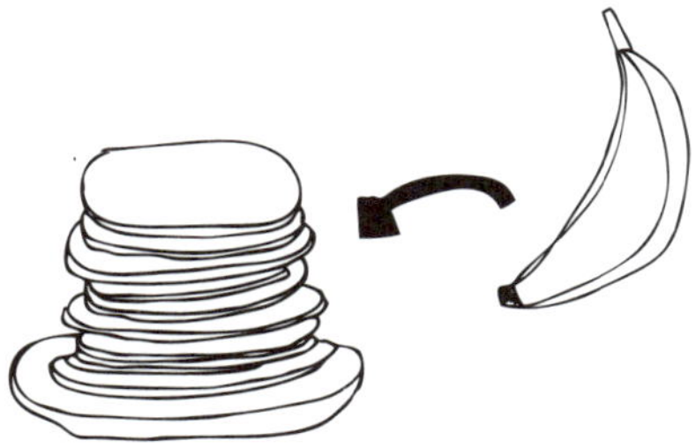

La Bonbonnière gehört in eine seltene Kategorie: kein Riesenschuppen, eher eine winzige Klitsche. Auch wenn der schicke französische Name anderes vermuten lässt, La Bonbonnière ist ein American Diner durch und durch, ein einfaches Imbisslokal mit Theke und ein paar Tischen, dessen Inneneinrichtung wohl kaum preisverdächtig ist.

Die graubraunen Wände zeugen von der Tatsache, dass sie nicht mehr gestrichen wurden, seit in New Yorker Restaurants Rauchverbot herrscht, das vor immerhin fast 20 Jahren eingeführt wurde. Eingefleischte Fans hielt dies offenbar nicht davon ab, diesem doch eher spelunkigen Diner die Treue zu halten, der insbesondere zum Frühstück und Brunch ein beliebter Treffpunkt ist.

Trotz der Resopaltheke und der Plastikstühle verströmt La Bonbonnière jedoch einen unglaublichen Charme. Auch Promis schauen in so unscheinbaren Esslokalen wie diesem gerne vorbei, da sie hier unerkannt bleiben können. Hier, im La Bonbonnière, wo jeder mit sich selbst beschäftigt ist und das Sehen und Gesehenwerden gar keine Rolle spielt, fällt ein Promi weniger auf als zum Beispiel im The Standard. In der Fotogalerie der prominenten Stammgäste konnte ich den bereits verstorbenen James Gandolfini sowie Ethan Hawke ausmachen. La Bonbonnière ist ein echtes Faszinosum und jedes Mal, wenn ich die signierten CD-Cover an der Wand hängen sehe, die Titel tragen wie Mike Violas »The Candy Butchers, Live at La Bonbonnière«, bin ich zutiefst beeindruckt.

Ich bin eigentlich kein großer Freund von Pfannkuchen, aber für den fluffigen Bananen-Pfannkuchen hier mache ich eine spezielle Ausnahme. Er ist außergewöhnlich luftig und leicht, was wohl an der gut durchgeschlagenen Buttermilch im Teig liegt. Das Bananenpüree im Teig sowie ein paar extra Scheiben frittierte Bananen machen dieses Gericht zu einem einmaligen Geschmackserlebnis – auch für weniger Pfannkuchen-Verrückte wie mich.

Ed & Joe Suggest One of Our Grilled Specialties
Events catering Events
Email: events @ redfarmnyc .com

REDFARM
REDFARM
REDFARM

8

REDFARM

529 Hudson St. (zwischen W 10th St. und Charles St.) – NY 10014

geöffnet: Mo–Fr Dinner 17:00–23:45 Uhr, Sa Brunch 11:00–14:30 Uhr und Dinner 17:00–23:45 Uhr, So bis 23:00 Uhr

2170 Broadway (zwischen W 76th St. und W 77th St.) – NY 10024

geöffnet: Mo–Fr Lunch 11:30–15:00 Uhr, Mo–Do Dinner 16:45–23:00 Uhr, Fr bis 23:45 Uhr,
Sa–So Brunch 11:00–15:00 Uhr, Sa Dinner 16:45–23:45 Uhr, So bis 22:30 Uhr

Tel. +1 212 792-9700 – www.redfarmnyc.com

Das RedFarm passt wie maßgeschneidert ins Bild der trendigen Hudson Street. Der Designer Jun Aizaki wusste genau, wie er die Wünsche der Inhaber für dieses prachtvolle Stadthaus von 1828 verwirklichen konnte.

Pac Man Shrimp Dumplings

(Pac-Man-Teigtaschen mit Garnelenfüllung)

Das RedFarm bietet eine angenehme Mischung aus großen Tafeltischen für mehrere Personen und intimen Nischen, wo ein bis zwei Personen oder auch kleinere Grüppchen Platz finden.

Joe Ng ist ein Dim-Sum-Koch mit jeder Menge Erfahrung, die er aus Kowloon und Hongkong mitbringt. Sein Repertoire umfasst mehr als 1000 Geschmacksexplosionen. Ed Schoenfeld hat den New Yorkern (in geradezu missionarischer Manier) die gehobene chinesische Küche nähergebracht. Dazu gehört auch der chinesische Gourmettempel Shun Lee Palace. Joe Ng und Ed Schoenfeld sind die beiden kreativen Köpfe hinter dem RedFarm-Konzept. Ed war vom Supertalent Joe Ng unmittelbar überzeugt und bereit, ihm alle Chancen zu geben, seine Kreativität auszuleben. Joes Ziel ist es, kulinarische Gaumenfreuden zu kreieren, die selbst ihn noch überraschen können.

Joe Ng bietet nicht nur etliche erfrischend neu interpretierte Klassiker der chinesischen Küche, vielmehr sorgt er mit seinen extravaganten Dim Sum für ordentlich Aufsehen. Die Pilz-Gemüse-Frühlingsrollen zum Beispiel erinnern an echte Pilze und seine exquisiten Ha gow, die mit Garnelen gefüllten Teigtaschen, sehen aus wie die kleinen Gespenster Blinky, Pinky, Inky und Clyde, die von Pac-Man-Fressmonstern aus frittiertem Kartoffelteig gejagt werden. Der Hähnchensalat ist ein architektonisches Meisterwerk und der Gemüsesalat gleicht einem großen Gemüsegarten.

Für mich persönlich spielt das RedFarm definitiv in der Oberliga der chinesischen Restaurants in NYC. Es folgt dem Prinzip, für traditionelle Gerichte nur allerbeste Zutaten zu verwenden, um perfekte Ergebnisse zu erreichen, und die sprechen für sich. Ich glaube ja, dass das RedFarm das einzige chinesische Restaurant ist, das sein Rindfleisch vom weltberühmten Gourmet-Metzger Pat LaFrieda bezieht, und ich muss schon tief in meinem Gedächtnis kramen, um eine Variante zu finden, die das exzellente Hähnchen mit Garnelenfüllung übertrifft.

Im Erdgeschoss eines ehemaligen Waschsalons hat das RedFarm kürzlich erst eine hübsche chinesische Bar eröffnet, das Decoy, das chinesische Küche nach dem Fingerfood-Prinzip serviert. Joe und Ed sind ein echtes Dream-Team und ihre Gerichte gehören in die höheren kulinarischen Sphären der chinesischen Küche in NYC.

9

THE SPOTTED PIG

314 W. 11th St., Greenwich – NY 10014
Tel. +1 212 620-0393 – www.thespottedpig.com
geöffnet: Mo–Fr 12:00–15:00 Uhr und 17:30–02:00 Uhr, Sa–So 11:00–15:00 Uhr und 17:30–02:00 Uhr

Ein einzigartiger Fleck in West Village! Ein stilechter britischer Pub, wie Fergus Henderson, der Vater der neuen British Cuisine, ihn sich nicht besser hätte erträumen können. Er ist gemütlich und lebendig, ein Ort, an dem man gerne is(s)t. Es gibt hier wahnsinnig gute Speisen zu vernünftigen Preisen, was bisweilen zu längeren Wartezeiten führt, denn gekocht wird nur für Laufkundschaft.

Burger vom Holzkohlegrill mit Roquefort und extradünnen Pommes

April Bloomfield, die gebürtig aus dem englischen Birmingham stammt, ist keine 08/15-Köchin, was sich in ihrem Lebenslauf ebenso zeigt wie beim allerersten Bissen von was immer gerade auf der Karte steht. Durch ihre Erfahrungen, die sie im The River Café, im Bibendum, bei Mario Batali und natürlich Alice Waters gesammelt hat, wurde sie mit amerikanischen Zutaten vertraut. Jamie Oliver ermunterte sie, in New York ein Restaurant im Bistro-Stil zu eröffnen – der Rest ist Geschichte.

Der Hamburger im The Spotted Pig ist legendär. Er ist die sprichwörtliche Antithese dessen, was der Durchschnittsamerikaner alles als wohlschmeckend erachtet. Das Brötchen ist hausgemacht, nicht labbrig; der Käse-Belag ist Roquefort, kein amerikanischer Schmelzkäse; das Patty wiegt 250 Gramm, nicht die üblichen mickrigen 75 Gramm. Eher unspektakulär kommt dieser Hamburger anfangs daher, entfaltet dann aber einen geschmacklichen Wirbelsturm im Mund, dessen schierer Wucht Sie sich sodann in purer Lust ergeben und jeden Bissen leidenschaftlich zelebrieren. Dieser Hamburger ist Magie in höchster Vollendung …

Die meisten Menschen denken, dass Ronald McDonald der Erfinder der Hamburger ist, doch weit gefehlt! Dschingis und sein Enkel Kublai Khan führten auf ihren Eroberungszügen Rindfleischstücke unter ihren Pferdesätteln mit. Das unentwegte Reiben machte das Fleisch sehr zart und zerrieb es zu Hack. Als Kublai Khan in Moskau eintraf, mengte er Eier und Zwiebeln unter das Fleisch – der erste Burger war geboren.

Doch wer ist offiziell der Erfinder des Hamburgers? Vielleicht Otto Kuase, ein Gastronom aus Hamburg, der 1891 ein rundes Brötchen mit gebratenem Rinderhackfleisch, Zwiebeln und einem Spiegelei belegte und eine Soße dazugab. Deutsche Seefahrer brachten den Gaumenschmaus dann mit in die USA. Vielleicht aber ist es auch das Delmonico's, ein Steakhouse in NYC, das Hamburger erstmals 1826 auf seiner Karte hatte. Oder es sind Frank und Charles Menches, die 1885 auf dem Erie County Fair in Hamburg (New York) Bratwürste aus der Pelle schälten, das Bratwurstfleisch in eine runde Form brachten und es zwischen zwei Brotscheiben legten. Vieles aber spricht dafür, dass der allererste Hamburger auf einem Brötchen Oscar Weber Bilby aus Tulsa (Oklahoma) zuzuschreiben ist, der 1891 bei den Feierlichkeiten zum 4. Juli frittierte Fleischbällchen zwischen zwei Brötchenscheiben verkaufte. Auf dem Ortsschild von Tulsa (Oklahoma) steht zu lesen: Der wahre Geburtsort des Hamburgers!

1940 drängte ein Unternehmen auf den Markt, das mit seinem Grundkonzept die weltweite Esskultur für immer verändern würde: Richard (Dick) und Maurice (Mac) McDonald eröffneten ihr erstes Fast-Food-Restaurant in San Bernardino (Kalifornien), Ecke 14th Street und E Street. 18 Jahre später hatten sie bereits 100 Millionen Hamburger verkauft!

Ich für meinen Teil stehe auf Hamburger à la April Bloomfield, immer und jederzeit – auch wenn ich dafür eine halbe Stunde lang anstehen muss!

DOWNTOWN WEST

GUT ESSEN – WEITERE ADRESSEN

10 **CLAUDETTE**
24 Fifth Ave. (9th St.) – NY 10011
Tel. +1 212 868 2424
www.claudettenyc.com
▸ **Bouillabaisse en croûte**

11 **BAR SARDINE**
183 W 10th St. – NY 10014
Tel. +1 646 360 3705
www.barsardinenyc.com
▸ **Grill-Sandwich mit Foie gras und geräuchertem Cheddar**

12 **DECOY**
529 1/2 Hudson St. (im Souterrain) – NY 10014
Tel. +1 212 691 9700
www.decoynyc.com
▸ **Pekingente**

13 **NOBU DOWNTOWN**
195 Broadway – NY 10007
Tel. +1 212 219 0500
www.noburestaurants.com/downtown
▸ **würziger Seeigel-Shooter**

14 **MURRAY'S CHEESE BAR**
264 Bleecker Street (zwischen Morton Street und Leroy Street) – NY 10014
Tel. +1 646 476 8882
www.murrayscheesebar.com
▸ **saisonale Käsespezialitäten**

15 **CORKBUZZ WINE STUDIO**
13 E 13th St. (zwischen University Pl. und 5th Ave.) – NY 10003
Tel. +1 646 873 6071
www.corkbuzz.com
▸ **Wachtel im Speckmantel, Salat von geschmorten Schalotten, Minze und Zitrone**

16 **CHARLIE BIRD**
5 King St. (@ 6th Ave.) – NY 10012
Tel. +1 212 235 7133
www.charliebirdnyc.com
▸ **Tintenfisch-Saltimbocca vom Grill, Kichererbsen, Salbei und Parmaschinken**

17 **THE DUTCH**
131 Sullivan St. (@ Prince St.) – NY 10012
Tel. +1 212 677 6200
www.thedutchnyc.com
▸ **Wachteln nach Cajun-Art**

18 **BLUE HILL**
75 Washington Pl. (zwischen Washington Square W und 6th Ave.) – NY 10011
Tel. +1 212 539 1776
www.bluehillfarm.com/dine/new-york
▸ **Tageskarte, Degustationsmenü**

19 **DENINO'S**
524 Port Richmond Ave. (zwischen Hooker Pl. und Walker St.) – NY 10302
Tel. +1 718 442 9401
www.deninossi.com
▸ **Garbage Pie Pizza (Pizza mit Fleischklößchen)**

20 **PULQUERIA**
11 Doyers St. – NY 10013
Tel. +1 212 227 3099
www.pulquerianyc.com
▸ **Chuleta de cerdo (Schweinekotelett)**

JAKEE
JEST
SFGate.com
1996 REMIX STREET LIFE 2015 QUEENSBRIDGE SINGLE
Fascist

ON
New York
WALLS
DAILY
JESUS
E WAY
TRUTH
LIFE
N 14:6
GOLDLOXE

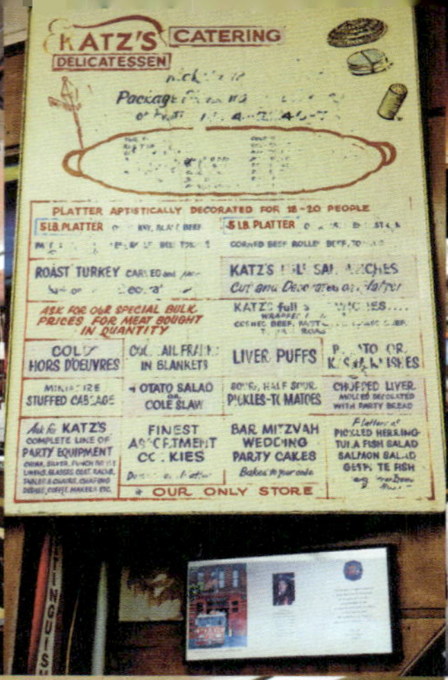
KATZ'S
CATERING
DELICATESSEN
PLATTER ARTISTICALLY DECORATED FOR 18-20 PEOPLE
ROAST TURKEY
COLD HORS D'OEUVRES
LIVER PUFFS
ASK FOR OUR SPECIAL BULK PRICES FOR MEAT BOUGHT IN QUANTITY
FINEST ASSORTMENT COOKIES
BAR MITZVAH WEDDING PARTY CAKES
OUR ONLY STORE

Catering
FOR ALL
OCCASIONS
SEND A SALAMI TO YOUR BOY IN THE ARMY

RESTROOMS

Catering
FOR ALL
OCCASIONS
ORDER SANDWICHES HERE
AT LAST COUNTER

ORDER SANDWICHES HERE
SANDWICH on RYE
MURPHY'S
IRISH AMBER
KATZ'S DELICATESSEN

KATZ'S DELICATESSEN

205 E Houston St. – NY 10002
Tel. +1 212 254-2246 – www.katzsdelicatessen.com
geöffnet: So–Mi 08:00–22:45 Uhr, Do 08:00–02:45 Uhr, Fr–Sa 08:00–08:00 Uhr

Isst man Pastrami, begibt man sich auf eine Art Zeitreise. Der Begriff steht für ein uraltes Verfahren zur Konservierung von Fleisch, indem es gepökelt, leicht getrocknet, mit verschiedenen Kräutern gewürzt, anschließend langsam geräuchert und dann im Dampf gegart wird.

Pastrami auf Roggen-Sandwich

Wo genau Pastrami seinen Ursprung hat, ist nicht ganz geklärt. Möglicherweise stammt es aus der Türkei, wo es *pastirma* heißt, vielleicht auch aus Rumänien, wo man es *pastramă* nennt, abgeleitet vom Verb *păstra*, was »aufbewahren« bedeutet. Genau wird man es wohl nie ergründen. Sicher aber ist, dass die ersten Pastrami-Sandwiches während der jüdischen Einwanderungswelle aus Rumänien und Bessarabien in New York auftauchten. Die jiddische Bezeichnung *pastrome* wurde im amerikanischen Englisch zu *pastrama* verschliffen, woraus sich dann (vermutlich in Anlehnung an *Salami*) das Wort Pastrami entwickelte.

Der Schächter Sussman Volk erhielt von einem rumänischen Freund ein Pastrami-Rezept und kreierte 1887 das erste Pastrami-Sandwich. Dies fand so großen Anklang, dass seine Schlachterei einem Restaurant weichen musste. 1888 eröffneten die sogenannten »Iceland brothers« an der Ecke Ludlow Street und East Houston Street ein kleines Esslokal namens Iceland Brothers. Als Willy Katz 1903 als Partner mit einstieg, wurde daraus das Iceland & Katz. 1910 zahlte Willys Cousin Benny die isländischen Teilhaber aus, woraufhin sich der Name zu Katz's Delicatessen änderte. Ein paar Jahre später zog das Lokal schließlich auf die andere Straßenseite um, wo es sich bis heute befindet.

Das Katz's Delicatessen ist definitiv eine der großartigsten kulinarischen Pilgerstätten in New York, die ihrem Ruf nach wie vor alle Ehre macht. Auch wenn das Lokal ein bisschen den Charakter einer Mensa hat, in der locker eine Footballmannschaft Platz finden würde, zieht es mich immer wieder an diesen Ort. Er hat etwas Magisches und lockt Touristen wie Einheimische gleichermaßen an. Das Pastrami-Sandwich hier ist ein kulinarisches Monument und der Maßstab für alle anderen Pastrami-Sandwiches dieser Welt. Der Geschmack, die Konsistenz, die Würzung – alles ist einfach perfekt an diesem Sandwich, das definitiv jeder einmal in seinem Leben gekostet haben sollte. Nicht von ungefähr gab Meg Ryan in der Liebeskomödie »Harry und Sally« genau hier, im Katz's, laut stöhnend eine der berühmtesten »Orgasmus-Einlagen« der Filmgeschichte ab. Meine Empfehlung: Bestellen Sie »genau das, was sie hatte« (und das war zweifelsohne das Pastrami).

Eat A Knish
A Knish A Day Keeps The Doctor Away...
The Original YONAH SCHIMMEL KNISHES

FORWARD

The Original
YONAH SCHIMME
KNISHES
TABLES FOR WAITER SERVICE
WE DO CATERING FOR ALL OCCASIONS
NO SMOKING
ONE WORLD
ONE TASTE
ONE KNISH

New York
One World. One Taste. One Knish.

2

YONAH SCHIMMEL

137 E Houston St. (zwischen Forsyth St. und Elridge St.) – NY 10002
Tel. +1 212 477-2858 – https://www.yonahschimmelknish.com/

geöffnet: So–Do 09:00–19:30 Uhr, Fr–Sa 09:00–23:00 Uhr

Knish (oder Knysh) ist ein traditionelles Fingerfood, das mit osteuropäischen Einwanderern seinen Einzug in die USA hielt.

Kartoffel-Knish

Hereinspaziert – genießen Sie ein Stück kulinarische Geschichte New Yorks!

Wie so viele andere kleine Snacks für zwischendurch gibt es auch diese Spezialität in verschiedenen Varianten und mit allerlei Füllungen. Die meisten Knishes sind mit Kartoffelpüree gefüllt, gemischt mit Hackfleisch, Sauerkraut, Zwiebeln oder Rotkohl. Aber auch Kascha, Buchweizengrütze, ist als Füllung vor allem in der aschkenasisch-jüdischen Esstradition überaus beliebt. Knishes können rund, viereckig oder rechteckig sein und in der Größe variieren, je nachdem, ob sie als Fingerfood oder kleine Mahlzeit gegessen werden. In Städten mit einem hohen jüdischen Bevölkerungsanteil sieht man noch häufig Straßenverkäufer, die leckere Knishes feilbieten.

Um 1890 begann Yonah Schimmel, ein rumänischer Einwanderer, seine Knishes zu verkaufen, die er nach einem Familienrezept fertigte. Die kamen so gut an, dass er 1910 in einem nächsten Schritt zusammen mit seinem Cousin Joseph Berger einen Laden eröffnete, und zwar auf der Houston Street, die erste Knish-Bäckerei in NYC. Einige Jahre später stieg Yonah aus dem Geschäft aus und Joseph führte es weiter. Mit dem Wegzug vieler Juden aus der Lower East Side in den folgenden Jahren veränderte sich das Viertel stark, das kleine Esslokal und die Knishes jedoch blieben unverändert bestehen. Das authentische Lokal ist aus dem Viertel nicht wegzudenken, es ist ein echtes Wahrzeichen, das sogar im Film »Whatever Works – Liebe sich wer kann« von Woody Allen vorkommt und 1929 in einem Gemälde von Hedy Pagremanski verewigt wurde, das in der Dauerausstellung des Museum of the City of New York bewundert werden kann. Also: Das nächste Mal, wenn Sie in der Stadt sind und an diesem kleinen Lokal vorbeikommen, gehen Sie unbedingt hinein und genießen Sie ein Stück kulinarische Geschichte New Yorks!

Lam Zhou Hand Made Noodle & Dumplin
牛肉拉麵
Beef Soup Noodle
豬肉拉麵
Pork Soup Noodle
羊肉拉麵
Soup Noodle With Lamb
鴨肉墨魚麵
Duck Soup Noodle
水餃 鍋貼

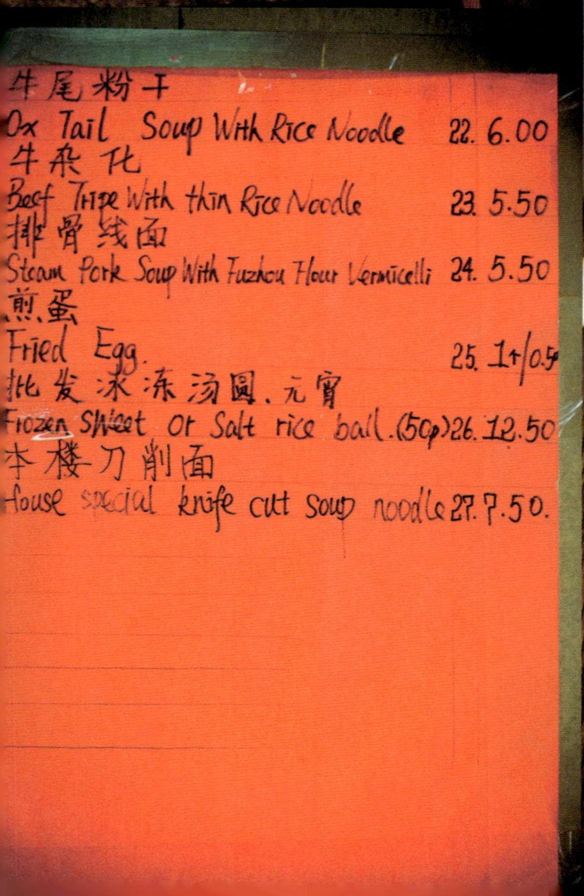
牛尾粉干
Ox Tail Soup With Rice Noodle 22. 6.00
牛杂化
Beef Tripe With thin Rice Noodle 23. 5.50
排骨线面
Steam Pork Soup With Fuzhou Flour Vermicelli 24. 5.50
煎蛋
Fried Egg. 25. 1+/0.5
批发冰冻汤圆、元宵
Frozen Sweet Or Salt rice ball.(50p)26. 12.50
本楼刀削面
House special knife cut soup noodle 27. 7.50.

3

LAM ZHOU

144 East Broadway (zwischen Pike St. und Rutgers St.) – NY 10002
Tel. (212) 566-6933
geöffnet: täglich 10:30–23:00 Uhr

Wann immer ich in Südostasien bin, steuere ich möglichst umgehend einen der zahllosen *noodle shops* an, um eine Schale kräftige Nudelsuppe zu genießen.

Spezialität des Hauses: Nudelsuppe mit handgeschabten Nudeln

… ja, es gibt sie, die perfekte Nudelsuppe!

Es gibt mir eine Art heimisches Gefühl, es ist eine Art »Welcome to Asia«, getarnt als eine Schale mit Suppe.

Die Grundzutaten sind Brühe, Nudeln, etwas frisches Gemüse, ein wenig Fisch und/oder Fleisch und Gewürze. Es scheint so simpel, doch die Tatsache, dass diese leckere, dampfende Nudelsuppe außerhalb Asiens nur selten das gleiche verführerische Hochgefühl, die gleiche Wonne auslöst, bringt mich mehr und mehr zur Überzeugung, dass diese Gaumenfreude hierzulande schlicht ein kulinarisches Schattendasein führt.

Nicht so im Lam Zhou. Pompöse Innenausstattung und glamouröses Design gibt es hier nicht. Alles ist einzig auf das Wesentliche ausgerichtet: das Essen! Der East Broadway ist vielleicht nicht gerade die attraktivste Straße in New York City, aber durch das Erscheinungsbild eines Restaurants sollte man sich nicht beirren lassen. Das Lam Zhou wird von der chinesischen Bevölkerung der Stadt sowie Freunden des Hauses hochgeschätzt, was sicherlich das Verdienst der Küche mit ihrem klaren, schnörkellosen Konzept ist.

Die Küche stellt frische Nudeln her, die für eine ganze Reihe von Gerichten verwendet werden, zumeist für Suppen oder Wok-Gerichte mit allerlei Beigaben. Alles, was aus dieser Küche kommt, schmeckt exzellent, glauben Sie mir. Die Nudeln werden von Hand von einem dicken Teigklumpen in kleine, unregelmäßige Formen geschabt und dann weiterverarbeitet. Die Vielfalt der handgeschabten Nudeln ist, was Größe und Dicke anbelangt, sehr groß. Die Brühe ist äußerst geschmacksintensiv und die verschiedenen Beilagen sorgen mit ihren unterschiedlichen Noten für wahrhafte Geschmacksexplosionen im Mund. Ein optimal gebratenes Ei rundet das Gericht ab. Ja, es gibt sie, die perfekte Nudelsuppe!

CENTURY
PHARMACY

腸粉
Rice Noodles
大L $ 5.00
中M $ 2.50
小S $ 1.75
腸粉魚蛋
Rice Noodles & Fish Balls
大L $ 6.50
中M $ 3.00
小S $ 2.00
茶葉蛋
Tea Eggs
$ 1.25
3只
精制牛肚
Tripe
$ 5.50
腸粉牛肚
Rice Noodles & Tripe
$ 3.25
Extra Sauce per order * add 25¢
多醬每一份 加 25¢
爽口魚蛋
Fish Balls
$ 1.00
6粒
正宗咸肉粽
Glutious Rice
$ 1.50
珍珠雞
Glutinous Rice in Lotus Leaf
$ 1.25
炒撈麵
Lo Mein
$ 1.50
炒米粉
Mai Fun
$ 1.50
皮蛋瘦肉粥
$ 2.50
Congee with Minced Pork & Preserved Eggs
$ 1.50

4

RUTGER STREET FOOD CART

Ecke East Broadway und Rutgers St. – NY 10002

geöffnet: täglich 06:00–16:00 Uhr

In Chinatown stehen viele kleine mobile Imbissbuden und alle bieten sie ihre eigenen Spezialitäten an. Tee-Eier aber gibt es meines Wissens nur an einer.

Tee-Eier

– unter Kennern ein Geheimtipp

In China sowie in großen Städten der Welt mit einem hohen chinesischen Bevölkerungsanteil sind Tee-Eier ein sehr beliebter Snack. Die fein duftenden, hübsch marmorierten Eier sind nicht nur ein besonderer Augen-, sondern auch ein Gaumenschmaus. Dabei kann man sie ganz einfach zubereiten: Eier hart kochen, danach die Schale rundherum mit einem Löffel leicht anschlagen, aber nicht abschälen. Je kleiner und feiner die Risse in der Eierschale sind, desto hübscher später das Endergebnis. Die Eier zurück in einen Kochsud aus starkem Tee, Zimt, Sojasoße, Sternanis, Fenchelsamen, Szechuanpfefferkörnern und Nelken geben und weiter 30 Minuten lang sanft köcheln lassen. Danach erkalten lassen und noch ein paar Tage lang in der Marinade ziehen lassen. Schält man die Eier danach, sind sie sehr hübsch anzusehen.

Die betörend duftenden Tee-Eier in ihrer geradezu satten ätherischen Verbindung mit Tee und Gewürzen und mit der hauchzarten Note der Marinade sind unter Kennern ein echter Geheimtipp!

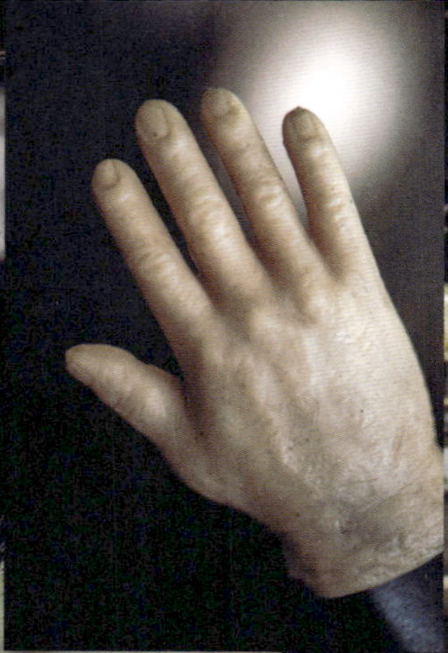

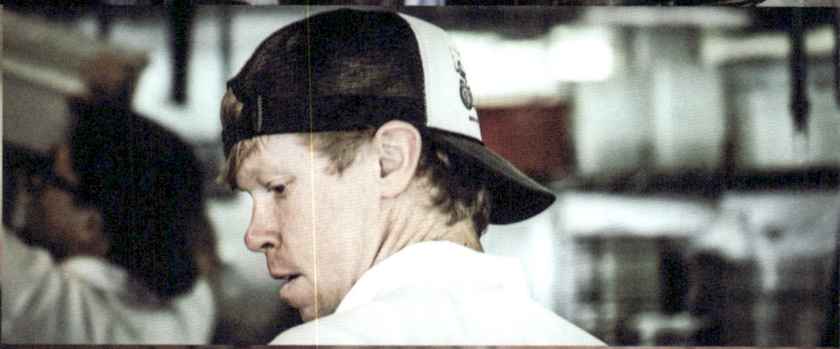

5

WILDAIR

142 Orchard St. (zwischen Rivington St. und Delancey St.) – NY 10002
Tel. +1 646 964-5624 – www.wildair.nyc

geöffnet: Di–Sa 18:00–23:00 Uhr

Das Wildair ist ein kleines Juwel in der Lower East Side. Es entstand eigentlich dadurch, dass ein anderes Restaurant, das Contra, derart gut lief, dass sich die Inhaber Jeremiah Stone und Fabian von Hauske veranlasst sahen, ein zweites Lokal in der gleichen Straße zu eröffnen.

Tatarbeefsteak, Cheddar, Meerrettich, Paranüsse

Wildair war der Name eines berühmten Rennpferdes, das vor dem Bürgerkrieg hier einmal lebte und viele Preise gewann. Pferdefleisch steht aber nicht auf der Karte! Der Fokus liegt hier auf Wein, dessen Auswahl sich auf Top-Marken beschränkt, die entweder aus biodynamischem Weinbau stammen oder natürlich, ohne jedwede Eingriffe, gegoren sind. Das Wildair arbeitet mit kleinen Weinbauern zusammen, die auf unverfälschte Reinheit achten und dem breiteren Publikum weniger bekannt sind. Wer dieses hübsche Lokal betritt, wird also garantiert den ein oder anderen köstlichen Tropfen für sich entdecken.

Bei all den vielen Weinflaschen ringsum wirkt der Ort ein bisschen wie ein geheimer Treffpunkt für Weinliebhaber, die hier zusammenkommen, um bei einer guten Flasche Burgunder zu fachsimpeln. Aber bevor Sie jetzt in die falsche Richtung denken: Im Wildair gibt es die herrlichsten Schmankerl, die Sie sich erträumen können. Nichts bleibt hier dem Zufall überlassen. Allein das Brot (das direkt aus dem Contra kommt) mit hausgemachter Rillette (Schmalzfleisch) ist ein Gedicht!

Die beiden Köche scheinen ihrer Kreativität einfach freien Lauf zu lassen, schließlich kochen sie »nur« für eine einfache Weinstube. Das Tatarbeefsteak ist unübertroffen, ein Meisterwerk seiner Klasse. Das perfekt geschnittene Tatar mit immer noch herrlichem Biss, mit knackigen Nüssen oder Buchweizenkörnern, gespickt mit Meerrettich und verfeinert mit geräuchertem Cheddar-Käse erreicht einmalige Qualität, insbesondere mit dem richtigen Wein, empfohlen vom Wein-Guru Jorge Riera höchstpersönlich. Ein Lokal, an dem Sie nicht vorbeigehen sollten!

IKINARI STEAK
TOTAL NUMBERS
1,184,501
1,184,501
IKINARI STEAK
NEW YORK
You can add extra garnish for $1
Broccoli
Potato
Green Beans
Corn (default)
Onion
Tell our staff upon ordering
You can substitute your default garnish (Corn) with any other vegetables for FREE.
Fork
Knife
We Recommend RARE
CUT TO ORDER STATION
Tokyo Governor, Yuriko Koike energized herself with Ikinari Steak.
来年もお仕置きよ
The article was published in Mainichi Newspapers
Founder of Ikinari Steak
Kunio Ichinose
Ribeye
weight
Unit Price
144
482
9
$ Total Price
43

6

IKINARI STEAK EAST VILLAGE

90 E. 10th St. (zwischen 3rd Ave. und 4th Ave.) – NY 10003
Tel. +1 917 388-3546 – www.ikinaristeakusa.com
geöffnet: täglich 11:00–23:00 Uhr

Die Idee für das Lokal Ikinari Steak hatte der Japaner Kunio Ichinose, der dieses unternehmerische Abenteuer im Dezember 2013 begann. Mittlerweile hat er mehr als 100 Mini-Lokalitäten in ganz Japan eröffnet, 60 davon allein im Großraum Tokio.

Rib-Eye-Steak J-Style mit Knoblauch-Pfeffer-Reis

Die Idee ist simpel: Steaks in erstklassiger Qualität, superdick und saftig, und alles zum bestmöglichen Preis-Leistungsverhältnis. Genau aus diesem Grund hat das Lokal hauptsächlich Stehplätze. Ja, genau: Sie essen Ihr grandioses Steak im Stehen. Das macht Spaß, ist kommunikativ und bietet New Yorkern eine ganz neue Erfahrung.

Nachdem Sie das Lokal betreten haben, werden Sie an einen »Essstand« geleitet, wo die Bedienung Ihre Bestellung für Getränke und Beilagen aufnimmt. Jeder »Essstand« ist mit einer Nummer versehen, die Sie an der Fleischtheke angeben, wo Sie aus drei verschiedenen Steaks wählen: Rib-Eye-Steak, Lendensteak, Filetsteak. Zudem wählen Sie die Größe Ihres Steaks aus. Wer jedoch den wahren Ikinari-Genuss eines dicken, saftigen Steaks erleben möchte, der sollte ein Steak mit mindestens 200 Gramm oder 300 Gramm bestellen. Die Steaks gibt es hier in allen Größen. Sie werden wie bestellt zugeschnitten und über offenem Feuer gegrillt. Die gängigste Grillmethode nennt sich Bleu, bei der das Steak auf einem heißen gusseisernen Tablett serviert wird, auf dem es indirekt sacht weitergaren kann. Auf den Tischen steht die hausgemachte Ikinari-Soße auf Sojabasis, die derart köstlich ist, dass sie den Genuss Ihres Steaks aufs Allerhöchste steigert und zu einem echten J(apan)-Steak-Erlebnis macht, wie man es hier nennt. Die Steaks stammen von Black-Angus-Rindern aus Aurora (Illinois), deren Fleisch mindestens 40 Tage lang nass gereift wird.

Es gibt in diesem hübschen und zweckmäßigen Lokal nur 40 Stehplätze und zehn Sitzplätze. Machen Sie mit beim Kundentreueprogramm. Sie erhalten eine Art Rindfleisch-Meilenkarte, die Ihnen immer zeigt, wie viel Sie von welchem Steak gegessen haben, auch im Vergleich zu anderen Stammkunden. Für diese tolle, lebendige Imbisskette hätte es keinen geeigneteren Ort für eine Ersteröffnung außerhalb Japans geben können als NYC – die kulinarische Welthauptstadt.

BLACK SEED

7

BLACK SEED BAGELS

170 Elizabeth St. (zwischen Kenmare St. und Spring St.) – NY 10012
Tel. +1 212 730-1950 – www.blackseedbagels.com
geöffnet: täglich 07:00–18:00 Uhr

Für mich ist der Bagel, dieses handtellergroße runde Gebäck mit einem Loch in der Mitte, genauso untrennbar mit New York verbunden wie die Freiheitsstatue. Außerdem sind die Bagels hier genauso alt wie die Straße.

Ofenfrischer Mohn-Bagel mit hausgemachtem Rahmkäse, in Roter Bete eingelegtem Lachs, Rettich und Kräutern

Das Wort Bagel kam erstmals 1610 in der Gemeindeordnung von Krakau auf. Wie eine aufschlussreiche Anekdote erzählt, bekam in Krakau jede Frau zur Geburt ihres Kindes einen Bagel geschenkt. Die Beliebtheit dieser runden Hefeteilchen wuchs und so gehörten sie bereits im 17. Jahrhundert zum Ernährungsalltag eines jeden Polen.

Recht plausibel ist die Theorie, dass der Name Bagel sich aufgrund der unregelmäßigen Form der handgemachten Teile von *bougel* (Ring) oder *beigen* (beugen) ableitet. Jüdische Einwanderer aus Polen brachten das Gebäck nach New York, wo es sich rasch etablierte. Anfang des 20. Jahrhunderts entstand der legendäre Bagel Bakers Local 338, ein Verband, der die Bagel-Bäcker der Stadt, die die köstlichen Kringel mit Liebe und Stolz per Hand fertigten, vereinte. Als Bäcker Harry Lende zusammen mit seinem Sohn Murray 1960 mit der ersten automatisierten Bagel-Großproduktion begann und auch tiefgefrorene Bagels verkaufte, löste er landesweit einen Begeisterungssturm aus.

Damit war der Niedergang des Bagels als handwerkliches Erzeugnis besiegelt – eigentlich. Doch zum Glück ließen sich nicht alle unterkriegen und erhielten ihre Kunst aufrecht, wie die Bäckerei Black Seed Bagels zum Beispiel. Die Bagels hier sind reine Handarbeit. Das Schlangestehen ist ein Spektakel für sich, lohnt sich aber allemal. Kate Burr und ihr Team lassen sich nicht aus der Ruhe bringen, da kann die Schlange noch so endlos sein. Man kann zuschauen, wie die Bagels Schritt für Schritt mit Präzision und Hingabe einer nach dem anderen entstehen. Bio-Mehl, Salz, Wasser und Hefe werden zu einem geschmeidig schweren Teig verknetet. Dann wird der Teig zu langen Würsten ausgerollt und stückweise in handtellergroße, runde Gebäckstücke mit einem Loch in der Mitte geformt. Anschließend lässt man die Teiglinge bei Zimmertemperatur mindestens zwölf Stunden lang aufgehen, bevor sie dann in Wasser kurz abgekocht werden. Sobald sie abgekühlt sind, werden sie im Holzofen bei 200 °C bis 300 °C gebacken. Nur mit Respekt vor dieser traditionellen Methode wird man verführerisch glänzende Bagels mit einer herrlich weichen Konsistenz bekommen.

Da jeder Bagel individuell zubereitet wird, kann man sich eine Füllung aussuchen. Feinste Zutaten lassen sich raffiniert kombinieren und machen den Bagel zu einem festlichen Mahl. Auch jetzt noch, während ich diese Zeilen in meinen Laptop tippe, kann ich diese unwiderstehlichen ofenfrischen Bagels noch schmecken. Wenn ich auf der kleinen Bank am ruhigen Ende der Elizabeth Street sitze, von wo aus ich die perfekten Bagels sehen und riechen kann, gefüllt mit in Roter Bete eingelegtem Lachs, hausgemachtem Rahmkäse, frischem Rettich und Kräutern, dann ist die Welt für mich in Ordnung!

Bagels sind derart populär, dass der NASA-Astronaut Gregory Chamitoff auf seinem Space-Shuttle-Flug 2008 zur Internationalen Raumstation ISS 18 Sesam-Bagels für seine Kameraden dabeihatte, um ihnen die lange Zeit, die sie um die Erde kreisten, zu versüßen. Ein Hoch auf das Black Seed Bagels, das unsere Sicht auf die Welt der Bagels für immer verändert hat!

BESSOU
FRITTO MISTO
PRAWNS
SARDINES
CALAMARI
FRIED PARSLEY
BES SOU

8

BESSOU

5 Bleecker St. (Ecke Bowery) – NY 10012
Tel. (212) 228-8502 – www.bessou.nyc

geöffnet: Mo–Do 17:30–23:00 Uhr, Fr 17:30–23:30 Uhr, Sa–So 11:00–15:00 Uhr und 17:30–23:30 Uhr, So bis 23:00 Uhr

Maiko Kyogoku eröffnete dieses Restaurant hauptsächlich deshalb, da sie großes Heimweh hatte, aber auch, weil sie sich danach sehnte, die Familientradition gemeinsamer Mahlzeiten weiterzuführen. Das Schöne am gemeinsamen Essen zu Hause in Japan war für Maiko, dass sie alle beieinandersaßen, ihre Mutter, ihre Schwester und sie, und über alles reden konnten. Für die Mutter war es auch eine gute Gelegenheit, die traditionelle japanische Esskultur, das kulinarische Erbe, an ihre Töchter weiterzugeben.

Inaniwa Udon

Schade, dass ich Maikos Mutter nie kennengelernt habe. Wenn ich Maiko von ihr sprechen höre oder wenn ich lese, was sie über sie schreibt, würde ich alles geben, um einmal mit ihr zusammen zu kochen und zu essen – im Sommer die köstlichen Inaniwa Udon, die oft kalt gegessen werden, oder im Winter Kiritanpo, Reisklöße, die aus zu Püree gestampftem Reis geformt werden und herrlich zu einem ihrer Eintöpfe passen. Inaniwa Udon sind samtig weiche Nudeln aus der Präfektur Akita im nördlichen Japan, die warm oder kalt gegessen werden können. Sie werden traditionell als Beilage zu Tempura serviert, die aus verschiedenen frittierten Gemüsesorten der Saison bestehen. Ein Gericht wie dieses spiegelt die japanische Philosophie sehr schön wider: simpel, aber voller Geschmack dank der richtigen Auswahl der Zutaten und perfekten Beherrschung der Garmethode.

Maiko arbeitet sehr viel mit dem Gegenwartskünstler Takashi Murakami zusammen. Beide hegen eine große Liebe und Achtung für die japanische Tradition, die sie gern mit dem Rest der Welt teilen wollen. Er überzeugte sie schließlich, dieses Abenteuer zu unternehmen und das Bessou zu eröffnen, wofür wir ihm unendlich dankbar sind. Im Unterschied zu Takashi jedoch ist Maiko nicht gänzlich verbunden mit der japanischen Tradition. Sie ist vielmehr ein Kind zweier Kulturen. Auf der einen Seite hat sie die japanische Kultur erlebt, auf der anderen Seite wuchs sie in der Upper West Side auf, wo ihr Vater ein Sushi-Restaurant hatte. Sie fühlt sich in erster Linie als New Yorkerin und arbeitet mit Murakami vor allem deshalb zusammen, um mehr über ihre eigenen Wurzeln zu erfahren.

Bessou heißt übersetzt »zweite Heimat«, eine Heimat fern der Heimat. Der Name ist kein Zufall. Die Ideen für die Innenausstattung kamen teilweise von Takashi Murakami, sie spiegelt aber auch in großartiger Weise das Haus wider, in dem Maiko einen Großteil ihrer Kindheit verbrachte. Ist New York ihr *bessou* oder ist es Japan?

Die Gerichte im Restaurant zeigen beides, sind eine kulinarische Hommage auf die japanischen Kostbarkeiten aus der Küche ihrer Mutter, neu und modern kombiniert mit Einflüssen einer Mega-Metropole wie New York. Die kosmopolitischen, urbanen Einflüsse machen diese Art der Fusionsküche besonders spannend. Wie es sich für ein gutes japanisches Restaurant gehört, legt Maiko besonders großen Wert auf frische saisonale Produkte. Die Speisekarte wechselt daher regelmäßig, nicht aber das stilvolle Ambiente mit dem modernen Flair.

Kochen ist eine besondere Kunst, die hier im Bessou sehr ernst genommen und mit einem Feinsinn betrieben wird, wie ihn ganz große Künstler besitzen. Die Gerichte prahlen nicht, sie spielen vielmehr mit Aromen, die wirklich schmackhaft sind und einen bleibenden Eindruck hinterlassen. Gerne nenne ich dieses Restaurant auch meine zweite Heimat, mein *bessou*.

9

SAXON & PAROLE

316 Bowery (Ecke Bleecker St.) – NY 10012
Tel. +1 212 254-0350 – www.saxonandparole.com

geöffnet: Mo–Mi 18:00–22:00 Uhr, Do 18:00–23:00 Uhr, Fr 17:00–23:00 Uhr,
Sa 10:00–15:00 Uhr und 17:00–23:00 Uhr, So 10:00–15:00 Uhr und 18:00–22:00 Uhr

Falls Sie sich über den Namen des Lokals wundern:
Saxon & Parole ist die Geschichte zweier Pferde.

Getrüffelte Portobello-Pilz-Mousse, Whiskey-Gelee nach Art des Hauses

Saxon war ein fantastisches Rennpferd, ein Rappe, der die Farben des Tabak-Magnaten Pierre Lorillard trug, Kirschrot und Schwarz. 1874 gewann der Hengst mit der überaus beeindruckenden Erfolgsbilanz die Belmont Stakes, die »Dreifache Krone« im US-Pferderennsport. Irgendwann aber wurden seine Erfolge von seinem unermüdlichen Rivalen namens Parole in den Schatten gestellt. Parole, geboren 1873, der von seinem äußeren Erscheinen her eher einem Ackergaul als einem eleganten, klassischen Zuchtrennpferd glich, gewann so gut wie alle internationalen Rennen. Die Briten gaben ihm wegen seines ungewöhnlichen Aussehens den Spitznamen »Yankee Mule«. Parole ist das einzige amerikanische Pferd, das jemals alle britischen Pferderennen gewonnen hat. Als Parole mit zwölf Jahren in den Ruhestand ging, hatte er mehr Preise gewonnen als jedes andere Pferd vor ihm.

Die Spezialitäten im Saxon & Parole sind Grillfleisch, Meeresfrüchte und im Fass gereifte Spirituosen. An der Ecke Bowery und Bleecker Street ging dieses Restaurant aus dem früheren Double Crown hervor. Die Theke ist noch die alte, der Rest aber wurde völlig neu gestaltet und hat heute das Gesicht einer modernen Brasserie. In der Küche zaubert Brad Farmerie Kreationen, die sich an der kontinentalen Küche orientieren – Essen für die Seele mit dem gewissen Pfiff.

Das Saxon & Parole ist eines der angesagtesten Szenelokale in East Village. Das Interieur ist freundlich und einladend gestaltet; mit seinem Sichtmauerwerk und der klaren Beleuchtung, die sich in den feinen Holztäfelungen widerspiegelt, erinnert es an das typische Design von AvroKO, einem Unternehmen, dessen Handschrift sich in zahllosen erfolgreichen New Yorker Restaurants wiederfindet. Sie haben die Wahl zwischen drei Speiseräumen, alle mit einem individuellen Flair. Das Saxon & Parole ist ein toller Ort, um eine tolle Zeit zu verbringen!

Live GeoDuck Clam
新鮮象拔蚌

10

ORIENTAL GARDEN

14 Elizabeth St. (zwischen Canal St. und Bayard St.) – NY 10013
Tel. +1 212 619-0085 – www.orientalgardenny.com
geöffnet: täglich 10:00–22:30 Uhr

Im riesengroßen Chinatown New Yorks ist es nicht immer einfach, die Spreu vom Weizen zu trennen.

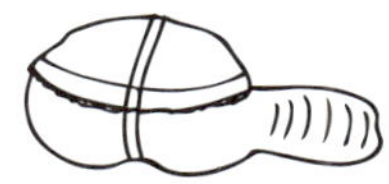

... die Kochkünstler wirken hier wahre Wunder

Rohe, in dünne Scheiben geschnittene Elefantenrüsselmuscheln

Jedes Restaurant hat so seine Spezialitäten. Hier sind es definitiv Fisch und Meeresfrüchte. Und die kommen fangfrisch auf den Teller, wie die zahlreichen Aquarien gleich im Eingangsbereich dieses einmaligen kantonesischen Restaurants signalisieren.

Eine weitere Besonderheit hier ist die separate Kühlvorrichtung, wo einzigartige, aktuell verfügbare Meerestiere ausgestellt sind: handverlesene Muscheln, enthülste Riesenaustern aus Wildbeständen, lebendige Riesengarnelen – und dann ein Exemplar, das garantiert der große Hingucker ist (sofern gerade verfügbar): die riesige Elefantenrüsselmuschel, auch Geoduck, Penismuschel oder Mirugai genannt. Diese zweischalige Muschelart ist einzigartig, eine der langlebigsten Arten der Erde; eine Lebensdauer von 150 Jahren ist für sie nichts Außergewöhnliches. Der seltsame Name Geoduck stammt aus dem alten indianischen Dialekt Lushootseed, den die Stämme auf dem Gebiet des heutigen Washington State einst gesprochen haben. Er bedeutet »grabe tief«, und die Elefantenrüsselmuschel gräbt sich in der Tat tief in den Meeressand ein, bis nur noch ihr Rüssel, der bis zu einem Meter lang sein kann, herausragt. Elefantenrüsselmuscheln gelten vielerorts als Delikatesse, umso erstaunlicher ist es, dass sie erst seit etwa 1970 zu kommerziellen Zwecken kultiviert werden.

Neben all den anderen erstklassigen Spezialitäten im Oriental Garden wirken die Kochkünstler an der Elefantenrüsselmuschel wahre Wunder. Ich persönlich mag sie am liebsten roh, in dünne Scheiben geschnitten, ähnlich wie Sashimi aus der japanischen Küche. Das Fleisch vom Rüssel schmeckt stark nach Meer und hat eine ganz besondere Konsistenz; die härteren Teile werden leicht bemehlt, bei hoher Temperatur kurz frittiert und dann serviert. So oder so, beide Zubereitungsarten bringen den reinen, unverfälschten Geschmack dieser Muschel zur vollen Entfaltung und zeugen von der Achtung des Kochs vor dieser außergewöhnlichen Meeresfrucht. Das Oriental Garden verströmt mit seiner fantastischen Küche eine wohltuende Ruhe und zugleich unprätentiöse Eleganz.

445

11

NOM WAH TEA PARLOR

13 Doyers St. (zwischen Chatham Square und Pell St.) – NY 10013
Tel. +1 212 962-6047 – www.nomwah.com

geöffnet: täglich 10:30–22:00 Uhr

Die Doyers Street ist eine etwas in Vergessenheit geratene Straße in Chinatown, hat aber eine reiche Geschichte. Hendrik Doyer, ein holländischer Einwanderer, hatte 1791 hier eine Destillerie und zwischen 1893 und 1911 war hier das erste chinesische Theater untergebracht.

... einfach perfekt!

Frühlingsrolle – das Original

Ungefähr in der Mitte vollzieht die Doyers Street eine leichte Biegung, die auch »blutige Ecke« genannt wird, da sie einst Schauplatz unzähliger Bandenschießereien, der sogenannten Tong Wars, war. In keiner anderen Straße der USA sind so viele Menschen getötet worden.

In Hausnummer 13–15 eröffnete Familie Choy 1920 eine chinesische Bäckerei und ein Teehaus. Die Spezialitäten des Hauses, der gefüllte Mondkuchen, die rote Bohnenpaste-Füllung oder die Mandelkekse, machten sie schon bald berühmt und werden auch heute noch zubereitet. 1968 lief der Mietvertrag aus und Geschäftsführer Wally Tang, der seit 1950 seit seinem 16. Lebensjahr als Mitarbeiter dabei war, verlegte Bäckerei und Teehaus nach nebenan in Hausnummer 11–13, wo das Nom Wah Tea Parlor bis heute besteht. 1974 kaufte Wally Tang die Lokalität; sein Lebenswerk wird heute von seiner Familie fortgeführt. »*Dim*, ergo *sum*.«

Ich persönlich liebe Dim Sum. Mit welchem Tempo manche Dim-Sum-Restaurants so unglaublich viele Varianten und Formen auf die Teller zaubern, hat mich schon immer fasziniert. Danach kann jeder die kleinen Köstlichkeiten kosten – einfach supergemütlich und superlecker.

Dim Sum ist nicht bloß ein kleiner Snack für zwischendurch, wie viele fälschlicherweise denken. Es ist ein Stück Esskultur. Dim Sum heißt wörtlich übersetzt »das Herz berühren«. Auf Kantonesisch heißt dieses Vergnügen *yum cha*, »Tee trinken«, was die Ursprünge der kleinen Köstlichkeiten sehr viel besser beschreibt. Ursprünglich nämlich wurden sie den Reisenden in den traditionellen Teehäusern entlang der Seidenstraße als kleine Stärkung zum Tee gereicht. Viele Dim Sum, die ich im Leben schon genießen durfte, sind mir als himmlische kulinarische Highlights in Erinnerung: Die enorme Vielfalt der Gerichte, ihre ursprüngliche Reinheit und höchste Qualität sowie insbesondere die unzähligen Spielarten in puncto Konsistenz sind beeindruckend und adeln einen erstklassigen Dim-Sum-Koch zum kulinarischen Großmeister seines Fachs.

Meines Erachtens gehören die Dim-Sum-Gerichte im Nom Wah Tea Parlor zu den besten, die ich je außerhalb von China gegessen habe. Siu Mai (gedämpftes Schweinefleisch im Teigmantel) oder Ha gow (mit Garnelen gefüllte Teigtaschen) – einfach himmlisch! Die Frühlingsrolle hier ist legendär: ein hauchdünnes Omelett in einem leckeren Ausbackteig, gefüllt mit knusprigen gekochten Wasserkastanien, Schnittsellerie, Bohnensprossen und verschiedenen Gemüsen – irrsinnig lecker. Der Hammer!

12

CHINESE TUXEDO

5 Doyers St. (zwischen Chatham Square und Pell St.) – NY 10013
Tel. +1 646 895-9301 – www.chinesetuxedo.com
geöffnet: täglich 18:00–00:00 Uhr

Die Doyers Street ist eine etwas in Vergessenheit geratene Straße in Chinatown, hat aber eine reiche Geschichte. Hendrik Doyer, ein holländischer Einwanderer, hatte 1791 hier eine Destillerie und zwischen 1893 und 1911 war hier das erste chinesische Theater untergebracht.

Taube mit Knusperhaut, im Ganzen serviert mit Gewürzsalz und schwarzem Essig

Ungefähr in der Mitte vollzieht die Doyers Street eine leichte Biegung, die auch »blutige Ecke« genannt wird, da sie einst Schauplatz unzähliger Bandenschießereien, der sogenannten Tong Wars, war. In keiner anderen Straße der USA sind so viele Menschen getötet worden. Die Tong Gangs sind heute verschwunden. Stattdessen gibt es die Hipster, die immer neue, angesagte Lokale für sich entdecken, und das Chinese Tuxedo gehört unübersehbar dazu.

Der Eingang des Restaurants befindet sich unter dem Neonschild. Sobald man die Schwelle überschritten hat, wirkt alles erst einmal etwas chaotisch, fast beengend. Die Mitarbeiter wuseln durcheinander, eifrig bemüht, die Schar der Gäste zu ordnen. Aber nur zu, gehen Sie ruhig weiter hinein, bis Sie Licht am Ende des Tunnels sehen, und zwar in Form von weißen Marmortischen, die Ihnen von unten im Souterrain einladend entgegenlächeln, während Sie die Treppe hinunter in den Speiseraum steigen, in das eigentliche Restaurant. Schmiedeeiserne Lampen, unverputzte Wände, Beton, tropische Pflanzen und schwarze Sitzmöbel bestimmen hier das Bild.

Der ganze Ort verströmt einen Hauch von Vintage-Flair mit einer Prise Drama, wie es sich für dieses ehemalige Theater, das allererste an der Ostküste der USA, wohl durchaus geziemt. Während der schwierigen Zeit der chinesischen Bandenkriege wurde das Theater zur neutralen Zone erklärt und war damit der so ziemlich einzige Ort, an dem die Hip Sings und die On Leongs friedlich beisammensitzen konnten. Das ging gut bis 1905, als eine der beiden Parteien ein Feuerwerk zündete, das die andere als einen Angriff missverstand und mit scharfer Munition rächte.

Die Küche wird von Paul Donnelly geleitet, einem Schotten mit jeder Menge asiatischer Kocherfahrung. Er interpretiert chinesische Klassiker auf seine ganz eigene Weise, die bei den Gästen, darunter auch viele Chinesen, riesigen Anklang findet. Er nennt seine Küche eine Art Fusionsküche, die ich persönlich sehr schätze. Mit speziellen Gerichten, wie zum Beispiel dem Char Siu, stellt er sein großes Können in der Zubereitung chinesischer Klassiker unter Beweis. Die Taube mit Knusperhaut, im Ganzen serviert mit Gewürzsalz und schwarzem Essig, ist ein Muss! Sie veranschaulicht in geradezu vorbildlicher Weise, wie ungemein simpel und lecker ein chinesisches Gericht sein kann. Setzen Sie das Chinese Tuxedo unbedingt auf Ihre To-do-Liste und Sie werden um eine wunderbare kulinarische Erfahrung reicher sein!

Serial NO: 2763

皇上皇酒家
美佛軒 佛具專門店
68A
66 MOTT ST.
皇上皇
Amazing 66 Restaurant

黃金萬兩

13

AMAZING 66

66 Mott St. (zwischen Canal St. und Bayard St.) – NY 10013
Tel. +1 212 334-0099 – www.amazing66.com
geöffnet: täglich 11:00–23:00 Uhr

Als mich mein deutscher Freund Reinhard Löwenstein, ein spitzenmäßiger Riesling-Winzer aus dem Moseltal, besuchen kam, nahm ich ihn mit nach Chinatown. Dort starrten uns in einem der typischen Fischläden aus einem der herumstehenden Eimer plötzlich jede Menge Augen an – große Frösche, bei denen nur die Augen aus dem Wasser ragten.

... einfach umwerfend!

Frosch an Twin Rice

Das Amazing 66 natürlich, lautete die Antwort, als wir uns erkundigten, welches Lokal in Chinatown die besten Froschgerichte serviert. Wir sind beide recht experimentierfreudig, probieren gerne neue Gerichte aus und stießen auf diese Weise auf die phänomenale Küche dieses Spitzenlokals.

Helen Ng, die stolze Inhaberin, liebt die traditionelle chinesische Familienküche. Auf der Karte stehen hauptsächlich kantonesische Spezialitäten. Die vielfältigen Varianten der Frosch-Gerichte sind einfach fabelhaft. Die Froschschenkel in herrlich knusprigem Ausbackteig oder der Eintopf mit Maronen und Froschfleisch sind grandios. Eins der Highlights ist Frosch an Twin Rice. Twin Rice ist ein harmonisch ausgewogenes Reisgericht aus sechs verschiedenen Reissorten und in diesem Falle mit Froschteilen kombiniert, um dem Gericht einen extra Aroma-Kick zu verleihen. Die perfekt gegarten Gemüse sowie die edleren Froschteile tragen ihren Teil zum köstlichen Geschmack bei. Wow! Der Twin Rice ist wahrlich eins der besten Reisgerichte, die ich je gegessen habe. Der Geschmack, die Knackigkeit sowie das hervorragende Mundgefühl zeugen vom fachlichen Können eines großartigen Kochs, der überdies den Ansprüchen einer Chefin gerecht zu werden versucht, die genau weiß, was sie will. Mit diesem Gericht hat er sich selbst übertroffen.

Doch das Restaurant hat weit mehr zu bieten als nur Frosch-Spezialitäten. Kabocha (ein grüner Kürbis), im Ganzen serviert, mit einer Füllung aus überragend gewürztem, langsam gegartem Rindfleisch, hat mich regelrecht umgehauen. Sämtliche Gerichte sind hübsch anzusehen und überaus schmackhaft. Fragen Sie ruhig bei Helen nach, Sie hilft Ihnen gerne bei der Auswahl. Das Amazing 66 hält, was sein Name verspricht: Es ist *amazing* – einfach unglaublich! Sie werden es lieben!

AURICCHIO

14

DI PALO

200 Grand St. (Ecke Mott St.) – NY 10013
Tel. +1 212 226-1033
geöffnet: Mo–Sa 09:00–18:30 Uhr, So 09:00–16:00 Uhr

Di Palo ist ein Juwel in Little Italy. Die Geschichte dieses kleinen Ladens begann 1903, als Savino Di Palo beschloss, seinem Leben eine neue Richtung zu geben und in die USA auszuwandern, so wie viele seiner Landsleute auch.

Mozzarella

... einen besseren Mozzarella gibt es nicht!

Savino, ein Käser aus dem kleinen Dorf Montemilone in der süditalienischen Region Basilicata, ließ alles hinter sich, Haus und Hof, Familie und Freunde. In Little Italy ließ er sich schließlich nieder und eröffnete 1910 eine *Latteria*, eine Milchbar. Mit Ausbruch des Ersten Weltkriegs 1914 kam auch der Rest seiner Familie nach New York und gemeinsam beschlossen sie, die Traditionen ihrer alten Heimat Basilicata hochzuhalten.

1925 eröffnete Savinos Tochter Concetta ihren eigenen Laden an der Ecke Mott Street und Grand Street, einen halben Block von der Milchbar ihres Vaters entfernt, wo sie verschiedene Käsesorten, die ihr Vater und ihr Ehemann Luigi herstellten, verkaufte. Zwei Generationen später beschlossen die Brüder Salvatore (von Freunden nur Sal genannt) und Lou zusammen mit ihrer Schwester Marie, ebenfalls in Savinos Fußstapfen zu treten und das Geschäft auszuweiten. Die derzeit fünfte Generation importiert heute exquisite handgemachte Käsesorten und feinste Wurstwaren aus ihrer italienischen Heimat. Diese verkaufen sie zusammen mit Käse aus eigener Herstellung wie Caciocavallo, Provolone, Pecorino Romano und natürlich den unübertroffenen Mozzarella – den besten Mozzarella der Welt!

Das Wort Mozzarella ist abgeleitet vom italienischen Verb *mozzare*, was »abschneiden« bedeutet. Seit Jahrhunderten wird dieser Käse in den südlichen Regionen Italiens aus der fettreichen Büffelmilch hergestellt. Die Bezeichnung Mozzarella tauchte erstmals 1570 in einem Kochbuch von Bartolomeo Scappi auf.

Tatsächlich muss ich mit der Verwendung der Bezeichnung Mozzarella etwas vorsichtig sein, denn wenn Mozzarella aus Kuhmilch hergestellt ist, heißt er eigentlich *fiordilatte*. Im Di Palo wird dieser frisch, direkt vor den Augen der Kunden, hergestellt – frischer geht es nicht! Als ich einmal mit einem sehr netten Restaurantbesitzer aus Belgien, der oft ins südliche Italien reist und dort auch Land besitzt, in New York unterwegs war, sagte ich zu ihm: »Du wirst gleich den besten Mozzarella deines Lebens essen!« Er lachte, sagte, er käme in Kampanien auf vielen Höfen herum, um Mozzarella zu probieren und direkt vom Erzeuger zu kaufen, daran würde irgendein Mozzarella mitten aus New York wohl kaum heranreichen. Ich war gespannt, kaufte im Di Palo ein paar Stücke Mozzarella, die er regelrecht verschlang. Er sprach es nicht direkt aus, aber ich sah ihm genau an, was er dachte: »Mensch, der hat recht!« Und eben das macht das Di Palo aus: Es stellt etwas her, was jeder kennt und das derartig gut, dass alle Welt es neu für sich entdeckt und sich fragt, wieso man überhaupt noch Mozzarella isst, der nicht annähernd so gut schmeckt. Schade, dass es nicht überall ein Di Palo gibt, ich vermisse es wirklich sehr. Ich kann Sal und Lou gar nicht genug danken für ihren meisterhaften *fiordilatte*.

15

CHEE CHEONG FUN FOOD CART

Ecke Elizabeth St. und Hester St. – NY 10013

geöffnet: täglich 07:00–19:00 Uhr

Winter in New York. Wenn die Straßen verschneit sind, der Schnee in dicken Flocken fällt und Sie frierend durch Chinatown stapfen, wärmt dieser dampfende, halb mit einer Plane bedeckte Imbisswagen allein durch seinen Anblick das Herz – ein Lichtblick!

Chee Cheong Fun

... »Kochen am Krisenherd«

Dieser bescheidene Wagen, der einer Szene aus der Fernsehserie »Cooking in the Danger Zone – Kochen am Krisenherd« entsprungen scheint, wird von einer kleinen, zierlichen Frau betrieben, die stets voll Freude und Eifer dabei ist, herzhafte, köstliche Gerichte zu zaubern. Ich nenne sie Ah Yee, »kleine Tante«. Ihre gedünsteten Chee Cheong Fun à la minute, eine Art kantonesische Cannelloni aus Reismehl und Wasser, gefüllt mit frischem Schnittlauch, Schweine- oder Hähnchenfleisch, Ei, ein paar Erdnüssen und Sojasoße, sind ideal zum Frühstück, wenngleich ich sie auch den ganzen Tag essen könnte. Ah Yee kocht hier von 7 bis 19 Uhr.

Chee Cheong Fun ist ein traditionelles Dim-Sum-Gericht aus Südchina und heißt wörtlich übersetzt »Nudeln in der Form von Schweineinnereien«. Und wenn man sich die Form anschaut, scheint diese Metapher recht passend. Wie bei so vielen Gerichten der schnellen Küche machen Handhabung und Verarbeitung der Zutaten den kleinen, aber feinen Unterschied. 1 Tasse Reismehl und ¼ Tasse Tapioka-Mehl, vermengt mit der gleichen Menge Wasser – fertig ist die Grundlage für Ihr Cheong Fun, für den *runner on base*, wie man in den USA sagt, den »Punktemacher«. Die flüssige Masse wird sodann in einen flachen Dampftopf gegossen, der speziell dafür gemacht ist, und langsam zu hauchdünnen Reisplatten gedämpft. Je dünner, desto besser und schöner die Konsistenz. Wenn die Reisnudelplatte fast fertig ist, kommt die Füllung obenauf, damit alles gut ineinander verbacken kann. Anschließend wird die dünne Reisnudelplatte dreimal gefaltet und mit Sojasoße beträufelt. Die Chee Cheong Fun von Ah Yee haben eine Konsistenz, die von großartiger Handwerkskunst zeugen. Ganz ehrlich? Eigentlich muss es gar nicht schneien, damit ich hier bei Ah Yee eine kleine Imbisspause einlege.

DOWNTOWN EAST

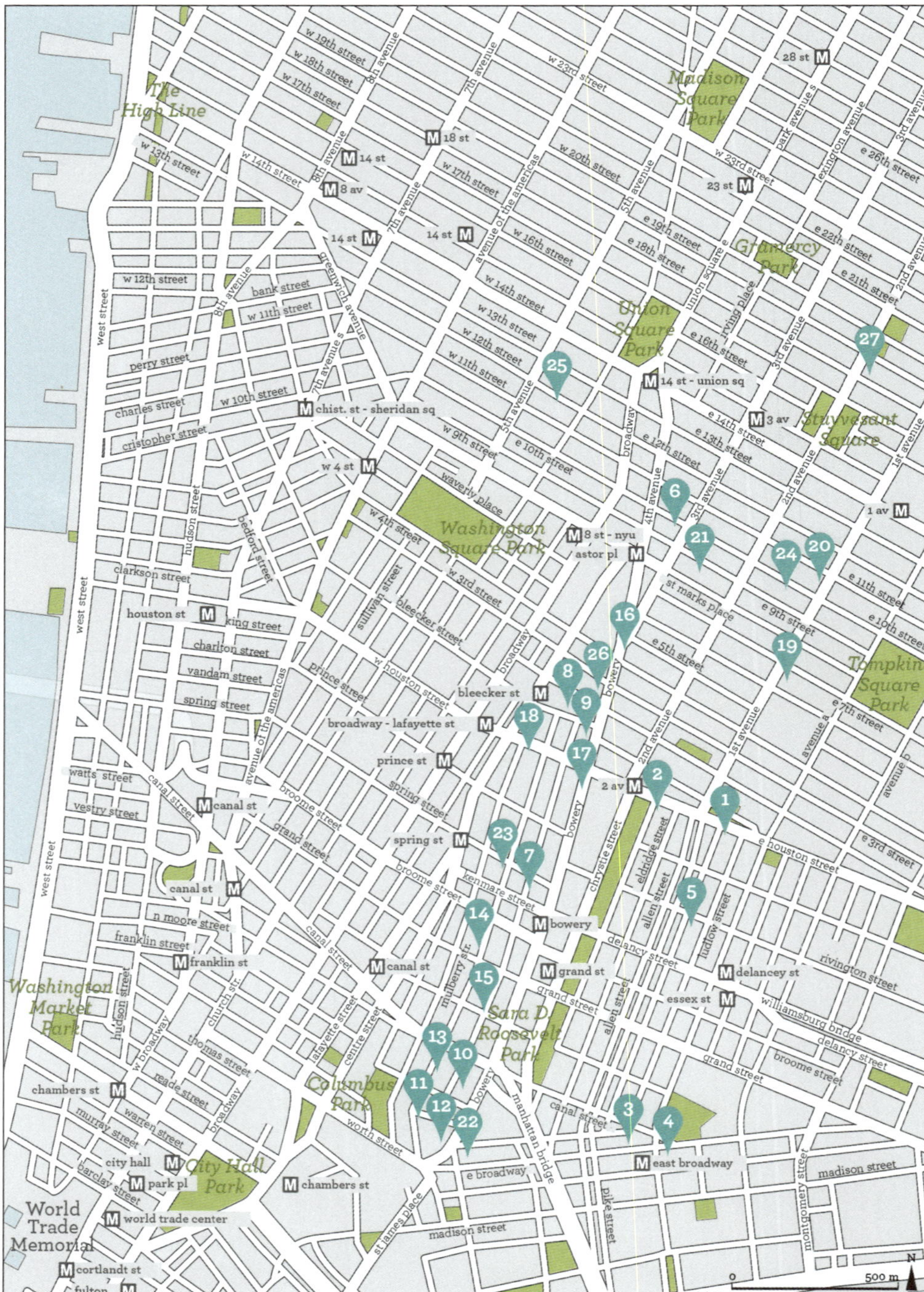

GUT ESSEN – WEITERE ADRESSEN

16 **NARCISSA**
25 Cooper Square – NY 10003
Tel. +1 212 228 3344
www.narcissarestaurant.com
▸ **Carrots Wellington (Möhren nach Wellington-Art)**

17 **CHERCHE MIDI (SHANE MCBRIDE)**
282 Bowery – NY 10012
Tel. +1 212 226 3055
www.cherchemidiny.com
▸ **hausgemachte Hummer-Ravioli in Ingwer-Buttersoße mit Piquillo-Paprika**

18 **ESTELA**
47 E Houston St. – NY 10012
Tel. +1 212 219 7693
www.estelanyc.com
▸ **Gnocchi**

19 **SUSHI DOJO**
110 1st Ave. (@ 7th St.) – NY 10009
Tel. +1 646 692 9398
www.sushidojonyc.restaurant
▸ **Nama Tako (Tintenfisch-Sushi)**

20 **MOMOFUKU NOODLE BAR**
171 First Ave. (zwischen 10th St. und 11th St.) – NY 10003
Tel. +1 212 777 7773
https://noodlebar-ny.momofuku.com/
▸ **Schweinebauch-Brötchen**

21 **CHA-AN TEAHOUSE**
230 E 9th St. (zwischen 2nd Ave. und 3rd Ave.) – NY 10003
Tel. +1 212 228 8030
www.chaanteahouse.com
▸ **teegeräucherter Lachs**

22 **GOLDEN UNICORN RESTAURANT**
18 East Broadway (zwischen Catherine St. und Market St.) – NY 10002
Tel. +1 212 941 0911
www.goldenunicornrestaurant.com
▸ **Siu Mai (gedämpftes Schweinefleisch im Teigmantel)**

23 **LOMBARDI'S**
32 Spring St. (zwischen Mott St. und Mulberry St.) – NY 10012
Tel. +1 212 941 7994
www.firstpizza.com
▸ **Pizza Margherita**

24 **GRAFFITI ME & YOU PRIVATE DINING ROOM**
224 East 10th St. (zwischen 1st Ave. und 2nd Ave.) – NY 10003
Tel. +1 212 677 2045
http://www.meandyouny.com/
▸ **Rochen an Kichererbsenkruste, Minz-Joghurt-Soße**

25 **GOTHAM BAR AND GRILL**
12 East 12th St. (zwischen 5th Ave. und University Pl.) – NY 10003
Tel. +1 212 620 4020
www.gothambarandgrill.com
▸ **Niman-Ranch-Schweinekotelett, geschmorter Grünkohl, pochierte Aprikosen, Babyrüben, Polenta, Salbei-Portwein-Reduktion**

26 **MILE END DELI**
53 Bond St. – NY 10012
Tel. +1 212 529 2990
www.mileenddeli.com
▸ **Sandwich à la Ruth Wilensky (hausgemachte Rindersalami auf Zwiebelbrötchen mit Senf)**

27 **POSTO**
310 2nd Ave. (@ 18th St.) – NY 10003
Tel. +1 212 716 1200
www.postothincrust.com
▸ **Pizza-Spezialitäten mit extradünner Kruste**

ISSUE 13
CENTREFOLD
ISSUE 13
MAGAZINE
BRIELA
AN SHERIDAN
E 8 JUNE 9
Steel
Terminal 5
CHA

UE 13 PAUL KOOIKER 2/8
CENTREFOLD BOHUN YOON 2/4
MAGA
MAGAZINE LIAM HART 1/1
ISSUE 13 PAUL KOOIKER 5/8
OMB MIÈRE
THE NEW EYE COLO AND POWDER
AVAILABLE ON

INDEX

Hinweis: Autor und Verlag haben alle Informationen bis Redaktionsschluss mit größtmöglicher Sorgfalt geprüft. Gleichwohl erfolgen alle Angaben ohne Gewähr.

Die Originalausgabe mit dem Titel *Must Eat New York – An Eclectic Selection Of Culinary Locations* ist 2017 bei Uitgeverij Lannoo nv in englischer Sprache erschienen.
www.lannoo.com

Texte: Luc Hoornaert
Fotografie: Kris Vlegels except Babbo © Melanie Dunea; Buddakan © Buddakan, Nakazawa Sushi © Daniel Krieger; Eleven Madison Park © Francesco Tonelli; Gabriel Kreuther © Paul Wagtouicz & Gabriel Kreuther (Portrait); Indian Accent © Indian Accent; Leuca © Noah Fecks & Nick Solares; Locanda Verde © Dustin Aksland (Portrait) & Noah Fecks; Maialino © Matt Duckor, Ellen Silverman, Liz Clayman, Eric Schwortz & Peter Garritano (Must Eat); NoMad @The NoMad Hotel © NoMad; Saxon & Parole © Melissa Hom & Erin Gleeson (Must Eat); The Spotted Pig © Amy Hou (Portrait), Zoran Jelenic (Interior) & Clay Williams (Must Eat); Union Square Café © Rockwell Group – Emily Andrews (Interior) & Liz Clayman (Must Eat)
Design: Grietje Uytdenhouwen
Illustrationen: Emma Thyssen
Kartografie: Elke Feusels
Übersetzung ins Englische: Bracha De Man

Für die deutsche Ausgabe:
5 4 3 2 1 22 21 20 19 18
ISBN 978-3-88117-159-5
Übersetzung: Regina Schneider
Lektorat: Judith Ley
Satz: typocepta, Köln
Redaktion: Sophie Schwaiger

www.hoelker-verlag.de

RADIO CITY MUSIC HALL
RADIO CITY
MUSIC HALL
GUGGENHEIM

RADIO CITY
MUSIC HALL
GUGGENHEIM